ये इश्क़ नहीं आसाँ

ये इश्क़ नहीं आसाँ

जिगर मुरादाबादी

rekhta
publications

राजकमल प्रकाशन

rekhta publications
राजकमल प्रकाशन

रेख़्ता पब्लिकेशंस
बी–37, सेक्टर - 1, नोएडा
उत्तर प्रदेश - 201301

contact@rekhta.org | www.rekhtabooks.com
www.rajkamalprakashan.com

प्रथम संस्करण: 2023

ISBN : 978-93-94494-28-2
मूल्य : ₹ 199

ये इश्क़ नहीं आसाँ

जिगर मुरादाबादी

मुद्रक : ज़ाविया प्रिंट, नई दिल्ली

आवरण एवं पुस्तक सज्जा
रेख़्ता

परिचय

जिगर मुरादाबादी को अपने दौर में जो शोहरत और लोकप्रियता मिली उसकी कोई मिसाल मिलनी मुश्किल है। उनकी ये लोकप्रियता उनकी रंगारंग शख़्सियत, ग़ज़ल कहने का ढंग और नग़मा-ओ-तरन्नुम की बदौलत थी। जब उनकी शायरी तरक़्क़ी की मंज़िलें तय कर के सामने आई तो सारे मुल्क की शायरी का रंग ही बदल गया और बहुत से शायरों ने न सिर्फ़ उनके रंग-ए-कलाम की बल्कि तरन्नुम की भी नक़्ल करने की कोशिश की और जब जिगर अपने तरन्नुम का अन्दाज़ बदल देते तो उसकी भी नक़्ल होने लगती। बहरहाल दूसरों से उनके शेरी अन्दाज़ या सुरीली आवाज़ की नक़्ल तो मुमकिन थी लेकिन उनकी शख़्सियत की नक़्ल ना-मुमकिन थी। जिगर की शायरी अस्ल में उनकी शख़्सियत का आईना थी। इसलिए जिगर, जिगर रहे, उनके समकालीन या बाद के शायरों में भी कोई उनके रंग को नहीं पा सका।

जिगर मुरादाबादी का नाम अली सिकन्दर था और वो 1890 ई. में मुरादाबाद में पैदा हुए। जिगर को शायरी विरासत में मिली थी, उनके वालिद मौलवी अली नज़र और चचा मौलवी अली ज़फ़र दोनों शायर थे और शहर के बा-इज़्ज़त लोगों में शुमार होते थे। जिगर के पूर्वज मुहम्मद समीअ का सम्बन्ध दिल्ली से था और शाहजहाँ के दरबार से सम्बद्ध थे लेकिन शाही क्रोध के कारण मुरादाबाद में आकर बस गए थे।

जिगर के वालिद, ख़्वाजा वज़ीर लखनवी के शागिर्द थे, उनका काव्य संग्रह 'बाग़-ए-नज़र' के नाम से मिलता है। जिगर की आरम्भिक शिक्षा घर पर और फिर मकतब में हुई। आरम्भिक शिक्षा की प्राप्ति के बाद अंग्रेज़ी शिक्षा के लिए उन्हें चचा के पास लखनऊ भेज दिया गया, जहाँ उन्होंने नौवीं जमाअत तक शिक्षा प्राप्त की। उनको अंग्रेज़ी तालीम में कोई दिलचस्पी नहीं थी और नौवीं जमाअत में दो साल फ़ेल हुए थे।

इसी अर्से में वालिद का भी देहान्त हो गया था और जिगर को वापस मुरादाबाद आना पड़ा था।

जिगर को स्कूल के दिनों से ही शायरी का शौक़ पैदा हो गया था लेकिन विद्यार्थी जीवन में वो उसे अवाम के सामने नहीं लाए। जिगर आज़ाद तबीअत के मालिक थे और बेहद हुस्न-परस्त थे। शिक्षा छोड़ने के बाद उनके चचा ने उन्हें मुरादाबाद में ही किसी विभाग में नौकरी दिला दी थी और उनके घर के पास ही उनके चचा के एक तहसीलदार दोस्त रहते थे जिन्होंने एक तवायफ़ से शादी कर रखी थी। जिगर का उनके यहाँ आना-जाना था। उस वक़्त जिगर की उम्र 15-16 साल थी और उसी उम्र में तहसीलदार साहब की बीवी से इश्क़ करने लगे और उन्हें एक मोहब्बत-नामा थमा दिया, जो उन्होंने तहसीलदार साहब के हवाले कर दिया और तहसीलदार साहब ने वो जिगर के चचा को भेज दिया।

चचा को जब उनकी हरकत की ख़बर मिली तो उन्होंने जिगर को लिखा कि वो उनके पास पहुँच रहे हैं। घबराहट में जिगर ने बड़ी मात्रा में भाँग खा ली। बड़ी मुश्किल से उनकी जान बचाई गई जिसके बाद वो मुरादाबाद से फ़रार हो गए और कभी चचा को शक्ल नहीं दिखाई। कुछ ही समय बाद चचा का इन्तिक़ाल हो गया।

मुरादाबाद से भाग कर जिगर आगरा पहुँचे और वहाँ एक चश्मा बनाने वाली कंपनी के विक्रय एजेंट बन गए। इस काम में जिगर को जगह-जगह घूम कर ऑर्डर लाने होते थे। शराब की लत वो विद्यार्थी जीवन ही में लगा चुके थे। उस दौर में शायरी और शराब उनकी हमसफ़र रहती थी। आगरा में उन्होंने वहीदन नाम की एक लड़की से शादी कर ली थी। वो उसे लेकर अपनी माँ के पास मुरादाबाद आ गए। कुछ ही दिनों बाद माँ का इन्तिक़ाल हो गया।

जिगर के यहाँ वहीदन के एक रिश्ते के भाई का आना-जाना था और हालात कुछ ऐसे बने कि जिगर को वहीदन के चाल-चलन पर शक

पैदा हुआ और ये बात इतनी बढ़ी कि वो घर छोड़कर चले गए। वहीदन ने छः माह उनका इन्तिज़ार किया फिर उसी शख़्स से शादी कर ली।

जिगर बे-सर-ओ-सामान और बे-यार-ओ-मददगार थे और इस नई मानसिक और भावनात्मक पीड़ा का समाधान उनकी शराब-नोशी भी नहीं कर पा रही थी। इसी अर्से में वो घूमते-घामते गोण्डा पहुँचे जहाँ उनकी मुलाक़ात असग़र गोंडवी से हुई। असग़र ने उनकी सलाहियतों को भाँप लिया, उनको सँभाला, उनको दिलासा दिया और अपनी साली नसीम से उनका निकाह कर दिया। इस तरह जिगर उनके घर के एक फ़र्द बन गए। मगर सफ़र, शायरी और मदिरापान ने जिगर को इस तरह जकड़ रखा था कि शादीशुदा ज़िन्दगी की बेड़ी भी उनको बाँध कर नहीं रख सकी।

जगह-जगह सफ़र की वजह से जिगर का परिचय विभिन्न जगहों पर एक शायर के रूप में हो चुका था। शायरी की तरक़्क़ी की मंज़िलों में भी जिगर इस तरह के अच्छे शेर कह लेते थे:

हाँ ठेस न लग जाए ऐ दर्द-ए-ग़म-ए-फुर्क़त
दिल आइना-ख़ाना है आईना-जमालों का

और

आह, रो लेने से भी कब बोझ दिल का कम हुआ
जब किसी की याद आई फिर वही आलम हुआ।

कुछ शायरी की लोकप्रियता का नशा, कुछ शराब का नशा और कुछ पेशे की ज़िम्मेदारियाँ, ग़रज़ जिगर बीवी को छोड़कर महीनों घर से ग़ायब रहते और कभी आते तो दो-चार दिन बाद फिर निकल जाते। बीवी अपने ज़ेवर बेच-बेच कर घर चलाती। जब कभी घर आते तो ज़ेवर बनवा भी देते लेकिन बाद में फिर वही चक्कर चलता।

इन परिस्थितियों ने असग़र की हालत बहुत ख़राब कर दी थी क्योंकि उन्होंने ही यह शादी कराई थी। असग़र की बीवी का आग्रह था कि असग़र नसीम से शादी कर लें लेकिन वो दो बहनों को एक साथ

एक ही घर में इस्लामी क़ानून के अनुसार नहीं रख सकते थे। इसलिए तय पाया कि असग़र अपनी बीवी यानी नसीम की बड़ी बहन को तलाक़ दें और जिगर नसीम को। जिगर इसके लिए राज़ी हो गए और असग़र ने नसीम से शादी कर ली।

असग़र की मौत के बाद जिगर ने दुबारा नसीम से, उनकी इस शर्त पर निकाह किया कि वो शराब छोड़ देंगे। दूसरी बार जिगर ने अपनी तमाम पुरानी बुराइयों की न सिर्फ़ भरपाई कर दी बल्कि नसीम को ज़ेवरों और कपड़ों से लाद दिया। दूसरी बार नसीम से शादी से पहले जिगर के अकेलेपन का ख़याल करते हुए कुछ सम्भ्रान्त लोगों ने उन पर शादी के लिए दबाव भी डाला था और भोपाल से कुछ रिश्ते भी आए थे लेकिन जिगर राज़ी नहीं हुए। ये भी मशहूर है कि मैनपुरी की एक तवायफ़ शिराज़न उनसे निकाह की इच्छुक थी।

जिगर बहुत ही भावुक, निष्ठावान, स्पष्ट वक्ता, देशप्रेमी और हमदर्द इंसान थे। किसी की तकलीफ़ उनसे नहीं देखी जाती थी, वो किसी से डरते भी नहीं थे। लखनऊ के वार फ़ंड के मुशायरे में, जिसकी सदारत एक अंग्रेज़ गवर्नर कर रहा था, उन्होंने अपनी नज़्म 'क़हत-ए-बंगाल' पढ़ कर सनसनी मचा दी थी। कई रियासतों के प्रमुख उनको अपने दरबार से सम्बद्ध करना चाहते थे और उनकी शर्तों को मानने को तैयार थे लेकिन वो हमेशा इस तरह की पेशकश को टाल जाते थे। उनको पाकिस्तान की शहरीयत और ऐश-ओ-आराम की ज़िन्दगी की ज़मानत दी गई तो साफ़ कह दिया, जहाँ पैदा हुआ हूँ वहीं मरूँगा। गोपी नाथ अमन से उनके बहुत पुराने सम्बन्ध थे। जब वो रियासती वज़ीर बन गए और एक मुशायरे की महफ़िल में उनको शिरकत की दावत दी तो वो सिर्फ़ इसलिए शामिल नहीं हुए कि निमंत्रण-पत्र मंत्रालय के लेटर हेड पर भेजा गया था। पाकिस्तान में एक शख़्स जो मुरादाबाद का ही था उनसे मिलने आया और हिन्दुस्तान की बुराई शुरू कर दी। जिगर को ग़ुस्सा आ गया और बोले, "नमक-हराम तो बहुत देखे, आज

वतन-हराम भी देख लिया।"

जिगर ने कभी अपनी शराब-नोशी पर फ़ख़्र नहीं किया और हमेशा अपने उस दौर को अज्ञानता का दौर कहते रहे। बहरहाल उन्होंने शराब छोड़ने के बाद रमी खेलने की आदत डाल ली थी जिसमें खाने-पीने का भी होश नहीं रहता था। इसके लिए वो कहते थे, "किसी चीज़ में डूबे रहना यानी ख़ुद को भुला देना मेरा स्वभाव है या बन गया है। ख़ुद को भुलाने और वक़्त-गुज़ारी के लिए कुछ तो करना चाहिए और मेरी आदत है कि जो काम भी करता हूँ उसमें मध्यम की हदों पर नज़र नहीं रहती।"

जिगर आख़िरी ज़माने में बहुत मज़हबी हो गए थे। 1953 ई. में उन्होंने हज किया। ज़िन्दगी की लापरवाहियों ने उनके दिल-दिमाग़ आदि को तबाह कर दिया था। 1941 ई. में उनको दिल का दौरा पड़ा। उनका वज़न घट कर सिर्फ़ 100 पौंड रह गया था। 1958 ई. में उन्हें दिल और दिमाग़ पर क़ाबू नहीं रह गया था। लखनऊ में उन्हें दो बार दिल का दौरा पड़ा और ऑक्सीजन पर रखे गए। नींद की दवाओं के बावजूद रात-रात भर नींद नहीं आती थी। 1960 ई. में उनको अपनी मौत का यक़ीन हो गया था और लोगों को अपनी चीज़ें बतौर यादगार देने लगे थे।

जिगर ऐसे शायर हैं जिनकी ग़ज़ल ग़ज़ल कहने की पुरानी परम्परा और बीसवीं सदी के मध्य और अन्त की रंगीन-निगारी का ख़ूबसूरत सम्मिश्रण है। जिगर शायरी में नैतिकता की शिक्षा नहीं देते लेकिन उनकी शायरी का नैतिक स्तर बहुत बुलन्द है। वो ग़ज़ल कहने के पर्दे में इंसानी ख़ामियों पर वार करते गुज़र जाते हैं। जिगर ने पुराने और आधुनिक सारे शायरों के चिन्तन से लाभ उठाया। वो बहुत ज़्यादा आज़ाद न सही लेकिन मकतबी काव्य-त्रुटियों की ज़्यादा पर्वा नहीं करते थे। वो चिन्तन और गेयता को इन छोटी-छोटी बातों पर क़ुर्बान नहीं करते थे। उनका कलाम बिना बनावट और आमद से भरा हुआ है, सरमस्ती और दिल-फ़िगारी, प्रभाव और सम्पूर्णता उनके कलाम की विशिष्टताएँ है। उनकी ज़िन्दगी और उनकी शायरी में पूर्ण समानता है। आपसी सम्वाद

के ऐतिबार से अक्सर ऐसे मक़ामात मिलेंगे कि चित्रकार के सारे हुनर उनकी चित्रकारी के सामने फीके नज़र आएँगे। जिगर हुस्न-ओ-इश्क़ को बराबरी का दर्जा देते हैं। उनके नज़दीक हुस्न और इश्क़ दोनों एक दूसरे के प्रतिबिम्ब हैं। जिगर ने ग़ज़ल कहने के हुनर को कला की पराकाष्ठा तक पहुँचा दिया और यही उनका सबसे बड़ा कारनामा है।

फ़ेहरिस्त

ग़ज़लें

इक लफ़्ज़-ए-मोहब्बत का अदना ये फ़साना है
सिमटे तो दिल-ए-आशिक़ फैले तो ज़माना है

क्या हुस्न ने समझा है क्या इश्क़ ने जाना है
हम ख़ाक-नशीनों की ठोकर में ज़माना है

आँखों में नमी-सी है चुप-चुप से वो बैठे हैं
नाज़ुक-सी निगाहों में नाज़ुक-सा फ़साना है

ये इश्क़ नहीं आसाँ इतना ही समझ लीजे
इक आग का दरिया है और डूब के जाना है

ख़ुद हुस्न-ओ-शबाब उन का क्या कम है रक़ीब अपना
जब देखिए अब वो हैं आईना है शाना है

तस्वीर के दो रुख़ हैं जाँ और ग़म-ए-जानाँ
इक नक़्श छुपाना है इक नक़्श दिखाना है

मुझ को इसी धुन में है हर लहज़ा बसर करना
अब आए वो अब आए लाज़िम उन्हें आना है

अश्कों के तबस्सुम में आहों के तरन्नुम में
मासूम मोहब्बत का मासूम फ़साना है

आँसू तो बहुत से हैं आँखों में 'जिगर' लेकिन
बंध जाए सो मोती है रह जाए सो दाना है

• **अदना :** *छोटा सा* • **ख़ाक-नशीनों :** *विनम्र लोग* • **हुस्न-ओ-शबाब :** *सुन्दरता और जवानी* • **रक़ीब :** *प्रेमिका का दूसरा आशिक़* • **लहज़ा :** *पल* • **तबस्सुम :** *मुस्कान* • **तरन्नुम :** *सुरीली आवाज़*

आदमी आदमी से मिलता है
दिल मगर कम किसी से मिलता है

भूल जाता हूँ मैं सितम उस के
वो कुछ इस सादगी से मिलता है

आज क्या बात है कि फूलों का
रंग तेरी हँसी से मिलता है

सिलसिला फ़ित्ना-ए-क़यामत का
तेरी ख़ुश-क़ामती से मिलता है

मिल के भी जो कभी नहीं मिलता
टूट कर दिल उसी से मिलता है

कारोबार-ए-जहाँ सँवरते हैं
होश जब बे-ख़ुदी से मिलता है

रूह को भी मज़ा मोहब्बत का
दिल की हम-सायगी से मिलता है

• **फ़ित्ना-ए-क़यामत :** *प्रलय का उपद्रव* • **हम-सायगी :** *साथ*

हम को मिटा सके ये ज़माने में दम नहीं
हम से ज़माना ख़ुद है ज़माने से हम नहीं

बे-फ़ायदा अलम नहीं बे-कार ग़म नहीं
तौफ़ीक़ दे ख़ुदा तो ये नेमत भी कम नहीं

मेरी ज़बाँ पे शिकवा-ए-अहल-ए-सितम नहीं
मुझ को जगा दिया यही एहसान कम नहीं

या रब हुजूम-ए-दर्द को दे और वुसअतें
दामन तो क्या अभी मिरी आँखें भी नम नहीं

शिकवा तो एक छेड़ है लेकिन हक़ीक़तन
तेरा सितम भी तेरी इनायत से कम नहीं

अब इश्क़ उस मक़ाम पे है जुस्तुजू-नवर्द
साया नहीं जहाँ कोई नक़्श-ए-क़दम नहीं

मिलता है क्यूँ मज़ा सितम-ए-रोज़गार में
तेरा करम भी ख़ुद जो शरीक-ए-सितम नहीं

मर्ग-ए-'जिगर' पे क्यूँ तिरी आँखें हैं अश्क-रेज़
इक सानेहा सही मगर इतना अहम नहीं

• **तौफ़ीक़ :** *दैवीय कृपा* • **शिकवा-ए-अहल-ए-सितम :** *प्रेमिकाओं की शिकायत* • **हुजूम-ए-दर्द :** *दर्द की अधिकता* • **वुसअतें :** *फैलाव (बहुवचन)* • **जुस्तुजू-नवर्द :** *खोज में तल्लीन* • **सितम-ए-रोज़गार :** *जीवन के अत्याचार* • **शरीक-ए-सितम :** *अत्याचार में शामिल* • **अश्क-रेज़ :** *आँसू बहाना* • **सानेहा :** *त्रासदी*

दुनिया के सितम याद न अपनी ही वफ़ा याद
अब मुझ को नहीं कुछ भी मोहब्बत के सिवा याद

मैं शिकवा ब-लब था मुझे ये भी न रहा याद
शायद कि मिरे भूलने वाले ने किया याद

क्या जानिए क्या हो गया अरबाब-ए-जुनूँ को
मरने की अदा याद न जीने की अदा याद

मुद्दत हुई इक हादसा-ए-इश्क़ को लेकिन
अब तक है तिरे दिल के धड़कने की सदा याद

हाँ हाँ तुझे क्या काम मिरी शिद्दत-ए-ग़म से
हाँ हाँ नहीं मुझ को तिरे दामन की हवा याद

मैं तर्क-ए-रह-ओ-रस्म-ए-जुनूँ कर ही चुका था
क्यूँ आ गई ऐसे में तिरी लग़्ज़िश-ए-पा याद

क्या लुत्फ़ कि मैं अपना पता आप बताऊँ
कीजे कोई भूली हुई ख़ास अपनी अदा याद

✦

• **शिकवा ब-लब :** *होंठों पर शिकायत लिए* • **अरबाब-ए-जुनूँ :** *दीवाने लोग* • **तर्क-ए-रह-ओ-रस्म-ए-जुनूँ :** *दीवानगी की प्रथाओं का त्याग* • **लग़्ज़िश-ए-पा :** *पाँव का डगमगाना*

ये है मय-कदा यहाँ रिन्द हैं यहाँ सब का साक़ी इमाम है
ये हरम नहीं है ऐ शैख़ जी यहाँ पारसाई हराम है

जो ज़रा सी पी के बहक गया उसे मय-कदे से निकाल दो
यहाँ तंग-नज़र का गुज़र नहीं यहाँ अहल-ए-ज़र्फ़ का काम है

कोई मस्त है कोई तिश्ना-लब तो किसी के हाथ में जाम है
मगर इस पे कोई करे भी क्या ये तो मय-कदे का निज़ाम है

ये जनाब-ए-शैख़ का फ़लसफ़ा है अजीब सारे जहान से
जो वहाँ पियो तो हलाल है जो यहाँ पियो तो हराम है

इसी कायनात में ऐ 'जिगर' कोई इंक़लाब उठेगा फिर
कि बुलन्द हो के भी आदमी अभी ख़्वाहिशों का ग़ुलाम है

• **साक़ी :** *शराब पिलाने वाला, प्रेमिका* • **पारसाई :** *पवित्रता* • **मय-कदे :** *शराब-घर* • **तिश्ना-लब :** *प्यासा*

दिल में किसी के राह किए जा रहा हूँ मैं
कितना हसीं गुनाह किए जा रहा हूँ मैं

दुनिया-ए-दिल तबाह किए जा रहा हूँ मैं
सर्फ़-ए-निगाह-ओ-आह किए जा रहा हूँ मैं

फ़र्द-ए-अमल सियाह किए जा रहा हूँ मैं
रहमत को बे-पनाह किए जा रहा हूँ मैं

ऐसी भी इक निगाह किए जा रहा हूँ मैं
ज़र्रों को मेहर-ओ-माह किए जा रहा हूँ मैं

मुझ से लगे हैं इश्क़ की अज़्मत को चार चाँद
ख़ुद हुस्न को गवाह किए जा रहा हूँ मैं

दफ़्तर है एक मानी-ए-बे-लफ़्ज़-ओ-सौत का
सादा सी जो निगाह किए जा रहा हूँ मैं

आगे क़दम बढ़ाएँ जिन्हें सूझता नहीं
रौशन चराग़-ए-राह किए जा रहा हूँ मैं

मासूमी-ए-जमाल को भी जिन पे रश्क है
ऐसे भी कुछ गुनाह किए जा रहा हूँ मैं

• **सर्फ़-ए-निगाह-ओ-आह :** *देखने और आह भरने में समय बिताना* • **फ़र्द-ए-अमल :** *कर्म-पत्र* • **मेहर-ओ-माह :** *सूरज और चाँद* • **अज़्मत :** *प्रतिष्ठा* • **मानी-ए-बे-लफ़्ज़-ओ-सौत :** *शब्दहीन और स्वरहीन अर्थ*

तन्क़ीद-ए-हुस्न मस्लहत-ए-ख़ास-ए-इश्क़ है
ये जुर्म गाह-गाह किए जा रहा हूँ मैं

उठती नहीं है आँख मगर उस के रू-ब-रू
ना-दीदा इक निगाह किए जा रहा हूँ मैं

गुलशन-परस्त हूँ मुझे गुल ही नहीं अज़ीज़
काँटों से भी निबाह किए जा रहा हूँ मैं

यूँ ज़िन्दगी गुज़ार रहा हूँ तिरे बग़ैर
जैसे कोई गुनाह किए जा रहा हूँ मैं

मुझ से अदा हुआ है 'जिगर' जुस्तुजू का हक़
हर ज़र्रे को गवाह किए जा रहा हूँ मैं

✦

• **तन्क़ीद-ए-हुस्न :** *सुन्दरता की आलोचना* • **मस्लहत-ए-ख़ास-ए-इश्क़ :** *प्रेम के भले-बुरे का ध्यान रखने की विशेषता*

कुछ इस अदा से आज वो पहलू-नशीं रहे
जब तक हमारे पास रहे हम नहीं रहे

या-रब किसी के राज़-ए-मोहब्बत की ख़ैर हो
दस्त-ए-जुनूँ रहे न रहे आस्तीं रहे

ता-चन्द जोश-ए-इश्क़ में दिल की हिफ़ाज़तें
मेरी बला से अब वो जुनूनी कहीं रहे

जा और कोई ज़ब्त की दुनिया तलाश कर
ऐ इश्क़ हम तो अब तिरे क़ाबिल नहीं रहे

मुझ को नहीं क़ुबूल दो-आलम की वुसअतें
क़िस्मत में कू-ए-यार की दो-गज़ ज़मीं रहे

दर्द-ओ-ग़म-ए-फ़िराक़ के ये सख़्त मरहले
हैराँ हूँ मैं कि फिर भी तुम इतने हसीं रहे

अल्लाह-रे चश्म-ए-यार की मोजिज़-बयानियाँ
हर इक को है गुमाँ कि मुख़ातिब हमीं रहे

इस इश्क़ की तलाफ़ी-ए-माफ़ात देखना
रोने की हसरतें हैं जब आँसू नहीं रहे

• **पहलू-नशीं :** *बग़ल में बैठा हुआ* • **वुसअत :** *फैलाव* • **कू-ए-यार :** *प्रेमिका की गली* • **दर्द-ओ-ग़म-ए-फ़िराक़ :** *विरह के दुख और दर्द* • **मरहले :** *पड़ाव (बहुवचन)* • **चश्म-ए-यार :** *प्रेमिका की आँख* • **मोजिज़-बयानियाँ :** *चमत्कारपूर्ण वर्णन* • **तलाफ़ी-ए-माफ़ात :** *क्षतिपूर्ति*

अब तो ये भी नहीं रहा एहसास
दर्द होता है या नहीं होता

इश्क़ जब तक न कर चुके रुस्वा
आदमी काम का नहीं होता

टूट पड़ता है दफ़अतन जो इश्क़
बेश-तर देर-पा नहीं होता

दिल हमारा है या तुम्हारा है
हम से ये फ़ैसला नहीं होता

जिस पे तेरी नज़र नहीं होती
उस की जानिब ख़ुदा नहीं होता

मैं कि बे-ज़ार उम्र भर के लिए
दिल कि दम-भर जुदा नहीं होता

वो हमारे क़रीब होते हैं
जब हमारा पता नहीं होता

दिल को क्या क्या सुकून होता है
जब कोई आसरा नहीं होता

हो के इक बार सामना उन से
फिर कभी सामना नहीं होता

• **दफ़अतन :** *अचानक* • **बे-ज़ार :** *विमुख*

अल्लाह अगर तौफ़ीक़ न दे इंसान के बस का काम नहीं
फ़ैज़ान-ए-मोहब्बत आम सही इरफ़ान-ए-मोहब्बत आम नहीं

आना है जो बज़्म-ए-जानाँ में पिन्दार-ए-ख़ुदी को तोड़ के आ
ऐ होश-ओ-ख़िरद के दीवाने याँ होश-ओ-ख़िरद का काम नहीं

ज़ाहिद ने कुछ इस अन्दाज़ से पी साक़ी की निगाहें पड़ने लगीं
मय-कश यही अब तक समझे थे शाइस्ता दौर-ए-जाम नहीं

इश्क़ और गवारा ख़ुद कर ले बे-शर्त शिकस्त-ए-फ़ाश अपनी
दिल की भी कुछ उन के साज़िश है तन्हा ये नज़र का काम नहीं

सब जिस को असीरी कहते हैं वो तो है अमीरी ही लेकिन
वो कौन सी आज़ादी है यहाँ जो आप ख़ुद अपना दाम नहीं

• **तौफ़ीक़ :** *दैवीय कृपा* • **फ़ैज़ान-ए-मोहब्बत :** *प्रेम का लाभ* • **इरफ़ान-ए-मोहब्बत :** *प्रेम का आत्मज्ञान* • **होश-ओ-ख़िरद :** *चेतना और बुद्धि* • **ज़ाहिद :** *धर्म-परायण व्यक्ति* • **शाइस्ता :** *सुशील* • **शिकस्त-ए-फ़ाश :** *साफ़-साफ़ हारना* • **असीरी :** *गुलामी*

आँखों में बस के दिल में समा कर चले गए
ख़्वाबीदा ज़िन्दगी थी जगा कर चले गए

हुस्न-ए-अज़ल की शान दिखा कर चले गए
इक वाक़िआ सा याद दिला कर चले गए

चेहरे तक आस्तीन वो ला कर चले गए
क्या राज़ था कि जिस को छुपा कर चले गए

रग रग में इस तरह वो समा कर चले गए
जैसे मुझी को मुझ से चुरा कर चले गए

समझा के पस्तियाँ मिरे औज-ए-कमाल की
अपनी बुलन्दियाँ वो दिखा कर चले गए

अपने फ़रोग़-ए-हुस्न की दिखला के वुसअतें
मेरे हुदूद-ए-शौक़ बढ़ा कर चले गए

हर शय को मेरी ख़ातिर-ए-नाशाद के लिए
आईना-ए-जमाल बना कर चले गए

आए थे दिल की प्यास बुझाने के वास्ते
इक आग सी वो और लगा कर चले गए

• **ख़्वाबीदा :** *नींद में* • **हुस्न-ए-अज़ल :** *अमर सुन्दरता* • **औज-ए-कमाल :** *कौशल-सम्पन्नता की पराकाष्ठा* • **हुदूद-ए-शौक़ :** *प्रेम की सीमाएँ* • **आईना-ए-जमाल :** *सुन्दरता का दर्पण*

शुक्र-ए-करम के साथ ये शिकवा भी हो क़ुबूल
अपना सा क्यूँ न मुझ को बना कर चले गए

लब थरथरा के रह गए लेकिन वो ऐ 'जिगर'
जाते हुए निगाह मिला कर चले गए

✦

• **शुक्र-ए-करम :** *कृपा का धन्यवाद*

मोहब्बत में ये क्या मक़ाम आ रहे हैं
कि मंज़िल पे हैं और चले जा रहे हैं

ये कह कह के हम दिल को बहला रहे हैं
वो अब चल चुके हैं वो अब आ रहे हैं

वो अज़-ख़ुद ही नादिम हुए जा रहे हैं
ख़ुदा जाने क्या क्या ख़याल आ रहे हैं

हमारे ही दिल से मज़े उन के पूछो
वो धोखे जो दानिस्ता हम खा रहे हैं

जफ़ा करने वालों को क्या हो गया है
वफ़ा कर के भी हम तो शरमा रहे हैं

वो आलम है अब यारो अग़यार कैसे
हमीं अपने दुश्मन हुए जा रहे हैं

मिज़ाज-ए-गिरामी की हो ख़ैर या-रब
कई दिन से अक्सर वो याद आ रहे हैं

✦

• **नादिम :** *लज्जित* • **दानिस्ता :** *जान-बूझकर* • **अग़यार :** *जिनसे सम्बन्ध न हो* • **मिज़ाज-ए-गिरामी :** *स्वभाव का कुशल-क्षेम*

शायर-ए-फ़ितरत हूँ जब भी फ़िक्र फ़रमाता हूँ मैं
रूह बन कर ज़र्रे-ज़र्रे में समा जाता हूँ मैं

आ कि तुझ बिन इस तरह ऐ दोस्त घबराता हूँ मैं
जैसे हर शय में किसी शय की कमी पाता हूँ मैं

हाए-री मजबूरियाँ तर्क-ए-मोहब्बत के लिए
मुझ को समझाते हैं वो और उन को समझाता हूँ मैं

हुस्न को क्या दुश्मनी है इश्क़ को क्या बैर है
अपने ही क़दमों की ख़ुद ही ठोकरें खाता हूँ मैं

तेरी महफ़िल तेरे जलवे फिर तक़ाज़ा क्या ज़रूर
ले उठा जाता हूँ ज़ालिम ले चला जाता हूँ मैं

वाह-रे शौक़-ए-शहादत कू-ए-क़ातिल की तरफ़
गुनगुनाता, रक़्स करता, झूमता जाता हूँ मैं

एक दिल है और तूफ़ान-ए-हवादिस ऐ 'जिगर'
एक शीशा है कि हर पत्थर से टकराता हूँ मैं

✦

• **कू-ए-क़ातिल :** *क़ातिल की गली* • **रक़्स :** *नृत्य* • **तूफ़ान-ए-हवादिस :** *दुर्घटनाओं का तूफ़ान*

इश्क़ को बे-नक़ाब होना था
आप अपना जवाब होना था

तेरी आँखों का कुछ क़ुसूर नहीं
हाँ मुझी को ख़राब होना था

आओ मिल जाओ मुस्कुरा के गले
हो चुका जो इताब होना था

कूचा-ए-इश्क़ में निकल आया
जिस को ख़ाना-ख़राब होना था

दिल कि जिस पर हैं नक़्श-ए-रंगा-रंग
उस को सादा किताब होना था

हो चुका रोज़-ए-अव्वलीं ही 'जिगर'
जिस को जितना ख़राब होना था

✦

• **कूचा-ए-इश्क़ :** *प्रेम-गली* • **नक़्श-ए-रंगा-रंग :** *अनेक रंगों के निशान अथवा प्रतीक* • **रोज़-ए-अव्वलीं :** *पहला दिन*

तबीअत इन दिनों बेगाना-ए-ग़म होती जाती है
मिरे हिस्से की गोया हर ख़ुशी कम होती जाती है

वही मय-ख़ाना-ओ-सहबा वही साग़र वही शीशा
मगर आवाज़-ए-नोशा-नोश मद्धम होती जाती है

वही हैं शाहिद-ओ-साक़ी मगर दिल बुझता जाता है
वही है शम्अ लेकिन रौशनी कम होती जाती है

वही शोरिश है लेकिन जैसे मौज-ए-तह-नशीं कोई
वही दिल है मगर आवाज़ मद्धम होती जाती है

वही है ज़िन्दगी लेकिन 'जिगर' ये हाल है अपना
कि जैसे ज़िन्दगी से ज़िन्दगी कम होती जाती है

✦

• **तबीअत :** *स्वभाव* • **बेगाना-ए-ग़म :** *दुख से अंजान* • **आवाज़-ए-नोशा-नोश :** *प्यालों के टकराने की आवाज़* • **शाहिद-ओ-साक़ी :** *गवाह और शराब पिलाने वाला* • **मौज-ए-तह-नशीं :** *दबी हुई लहर*

नज़र मिला के मिरे पास आ के लूट लिया
नज़र हटी थी कि फिर मुस्कुरा के लूट लिया

शिकस्त-ए-हुस्न का जल्वा दिखा के लूट लिया
निगाह नीची किए सर झुका के लूट लिया

दुहाई है मिरे अल्लाह की दुहाई है
किसी ने मुझ से भी मुझ को छुपा के लूट लिया

यहाँ तो ख़ुद तिरी हस्ती है इश्क़ को दरकार
वो और होंगे जिन्हें मुस्कुरा के लूट लिया

बड़े वो आए दिल-ओ-जाँ के लूटने वाले
नज़र से छेड़ दिया गुदगुदा के लूट लिया

रहा ख़राब-ए-मोहब्बत ही वो जिसे तू ने
ख़ुद अपना दर्द-ए-मोहब्बत दिखा के लूट लिया

न लुटते हम मगर उन मस्त अँखड़ियों ने 'जिगर'
नज़र बचाते हुए डबडबा के लूट लिया

• **शिकस्त-ए-हुस्न :** *सुन्दरता की पराजय, हार*

बे-कैफ़ दिल है और जिए जा रहा हूँ मैं
ख़ाली है शीशा और पिए जा रहा हूँ मैं

पैहम जो आह-आह किए जा रहा हूँ मैं
दौलत है ग़म ज़कात दिए जा रहा हूँ मैं

मजबूरी-ए-कमाल-ए-मोहब्बत तो देखना
जीना नहीं क़ुबूल जिए जा रहा हूँ मैं

वो दिल कहाँ है अब कि जिसे प्यार कीजिए
मजबूरियाँ हैं साथ दिए जा रहा हूँ मैं

रुख़सत हुई शबाब के हमराह ज़िन्दगी
कहने की बात है कि जिए जा रहा हूँ मैं

पहले शराब ज़ीस्त थी अब ज़ीस्त है शराब
कोई पिला रहा है पिए जा रहा हूँ मैं

✦

• **ज़ीस्त :** *जीवन*

सभी अन्दाज़-ए-हुस्न प्यारे हैं
हम मगर सादगी के मारे हैं

उस की रातों का इन्तिक़ाम न पूछ
जिस ने हँस-हँस के दिन गुज़ारे हैं

ऐ सहारों की ज़िन्दगी वालो
कितने इंसान बे-सहारे हैं

आतिश-ए-इश्क़ वो जहन्नम है
जिस में फ़िरदौस के नज़ारे हैं

वो हमीं हैं कि जिन के हाथों ने
गेसू-ए-ज़िन्दगी सँवारे हैं

हुस्न की बे-नियाज़ियों पे न जा
बे-इशारे भी कुछ इशारे हैं

✦

• **अन्दाज़-ए-हुस्न :** *सुन्दरता की शैलियाँ / ढंग* • **इन्तिक़ाम :** *बदला* • **आतिश-ए-इश्क़ :** *प्रेम की ज्वाला* • **फ़िरदौस :** *जन्नत, स्वर्ग* • **बे-नियाज़ियों :** *इच्छाओं से मुक्त होना*

दास्तान-ए-ग़म-ए-दिल उन को सुनाई न गई
बात बिगड़ी थी कुछ ऐसी कि बनाई न गई

सब को हम भूल गए जोश-ए-जुनूँ में लेकिन
इक तिरी याद थी ऐसी जो भुलाई न गई

इश्क़ पर कुछ न चला दीदा-ए-तर का क़ाबू
उस ने जो आग लगा दी वो बुझाई न गई

पड़ गया हुस्न-ए-रुख़-ए-यार का परतव जिस पर
ख़ाक में मिल के भी इस दिल की सफ़ाई न गई

क्या उठाएगी सबा ख़ाक मिरी उस दर से
ये क़यामत तो ख़ुद उन से भी उठाई न गई

• **जोश-ए-जुनूँ :** *दीवानगी का जोश* • **दीदा-ए-तर :** *भीगी हुई आँख* • **हुस्न-ए-रुख़-ए-यार :** *प्रेमिका के चेहरे की सुन्दरता*
• **परतव :** *चमक, प्रतिबिम्ब*

जो अब भी न तकलीफ़ फ़रमाइएगा
तो बस हाथ मलते ही रह जाइएगा

निगाहों से छुप कर कहाँ जाइएगा
जहाँ जाइएगा हमें पाइएगा

सितम इश्क़ में आप आसाँ न समझें
तड़प जाइएगा जो तड़पाइएगा

ये दिल है इसे दिल ही बस रहने दीजे
करम कीजिएगा तो पछताइएगा

भुलाना हमारा मुबारक मुबारक
मगर शर्त ये है न याद आइएगा

हमें भी न अब चैन आएगा जब तक
इन आँखों में आँसू न भर लाइएगा

हमीं जब न होंगे तो क्या रंग-ए-महफ़िल
किसे देख कर आप शर्माइएगा

मोहब्बत मोहब्बत ही रहती है लेकिन
कहाँ तक तबीअत को बहलाइएगा

• **तकलीफ़ :** *दुख*

न होगा हमारा ही आग़ोश ख़ाली
कुछ अपना भी पहलू तही पाइएगा

जुनूँ की 'जिगर' कोई हद भी है आख़िर
कहाँ तक किसी पर सितम ढाइएगा

• **आग़ोश :** *गोद, बाहों का घेरा* • **तही :** *ख़ाली*

बराबर से बच कर गुज़र जाने वाले
ये नाले नहीं बें-असर जाने वाले

नहीं जानते कुछ कि जाना कहाँ है
चले जा रहे हैं मगर जाने वाले

मिरे दिल की बेताबियाँ भी लिए जा
दबे पाँव मुँह फेर कर जाने वाले

तिरे इक इशारे पे साकित खड़े हैं
नहीं कह के सब से गुज़र जाने वाले

मोहब्बत में हम तो जिए हैं जिएँगे
वो होंगे कोई और मर जाने वाले

• **साकित** : जड़

जो तूफ़ानों में पलते जा रहे हैं
वही दुनिया बदलते जा रहे हैं

निखरता आ रहा है रंग-ए-गुलशन
ख़स-ओ-ख़ाशाक जलते जा रहे हैं

वहीं मैं ख़ाक उड़ती देखता हूँ
जहाँ चश्मे उबलते जा रहे हैं

चराग़-ए-दैर-ओ-काबा अल्लह-अल्लह
हवा की ज़िद पे जलते जा रहे हैं

शबाब-ओ-हुस्न में बहस आ पड़ी है
नए पहलू निकलते जा रहे हैं

✦

• **रंग-ए-गुलशन :** *बग़ीचे का रंग* • **ख़ाशाक :** *घास-फूस* • **चश्मे :** *प्राकृतिक पानी का स्रोत* • **चराग़-ए-दैर-ओ-काबा :** *मन्दिर और मस्जिद का दीपक* • **शबाब :** *यौवन*

आँखों का था क़ुसूर न दिल का क़ुसूर था
आया जो मेरे सामने मेरा ग़ुरूर था

वो थे न मुझ से दूर न मैं उन से दूर था
आता न था नज़र तो नज़र का क़ुसूर था

ऐसा कहाँ बहार में रंगीनियों का जोश
शामिल किसी का ख़ून-ए-तमन्ना ज़रूर था

पलटी जो रास्ते ही से ऐ आह-ए-ना-मुराद
ये तो बता कि बाब-ए-असर कितनी दूर था

जिस दिल को तुम ने लुत्फ़ से अपना बना लिया
उस दिल में इक छुपा हुआ नश्तर ज़रूर था

देखा था कल 'जिगर' को सर-ए-राह-ए-मय-कदा
इस दर्जा पी गया था कि नश्शे में चूर था

• **ख़ून-ए-तमन्ना :** *इच्छा की हत्या* • **आह-ए-ना-मुराद :** *विफल वेदना* • **बाब-ए-असर :** *प्रभाव का दरवाज़ा* • **नश्तर :** *शल्य, चीरा लगाने का औज़ार* • **सर-ए-राह-ए-मय-कदा :** *मदिरालय की राह में*

अगर न ज़ोहरा-जबीनों के दरमियाँ गुज़रे
तो फिर ये कैसे कटे ज़िन्दगी कहाँ गुज़रे

जुनूँ के सख़्त मराहिल भी तेरी याद के साथ
हसीं हसीं नज़र आए जवाँ जवाँ गुज़रे

मिरी नज़र से तिरी जुस्तुजू के सदक़े में
ये इक जहाँ ही नहीं सैकड़ों जहाँ गुज़रे

रह-ए-वफ़ा में इक ऐसा मक़ाम भी आया
कि हम ख़ुद अपनी तरफ़ से भी बद-गुमाँ गुज़रे

उसी को कहते हैं जन्नत उसी को दोज़ख़ भी
वो ज़िन्दगी जो हसीनों के दरमियाँ गुज़रे

वो जिन के साए से भी बिजलियाँ लरज़ती थीं
मिरी नज़र से कुछ ऐसे भी आशियाँ गुज़रे

कहाँ का हुस्न कि ख़ुद इश्क़ को ख़बर न हुई
रह-ए-तलब में कुछ ऐसे भी इम्तिहाँ गुज़रे

बहुत हसीन सही सोहबतें गुलों की मगर
वो ज़िन्दगी है जो काँटों के दरमियाँ गुज़रे

• **ज़ोहरा-जबीनों :** *सुन्दर लोग* • **मराहिल :** *पड़ाव (बहुवचन)* • **रह-ए-तलब :** *चाह की राह*

जिन्हें कि दीदा-ए-शायर ही देख सकता है
वो इंक़िलाब तिरे सामने कहाँ गुज़रे

बहुत अज़ीज़ है मुझ को उन्हें क्या याद 'जिगर'
वो हादसात-ए-मोहब्बत जो ना-गहाँ गुज़रे

✦

• **दीदा-ए- शायर :** *शायर की आँख* • **हादसात-ए-मोहब्बत :** *प्रेम की दुर्घटनाएँ* • **ना-गहाँ :** *अचानक*

दिल को सुकून रूह को आराम आ गया
मौत आ गई कि दोस्त का पैग़ाम आ गया

ग़म में भी है सुरूर वो हंगाम आ गया
शायद कि दौर-ए-बादा-ए-गुलफ़ाम आ गया

दीवानगी हो अक़्ल हो उम्मीद हो कि यास
अपना वही है वक़्त पे जो काम आ गया

दिल को न पूछ मारका-ए-हुस्न-ओ-इश्क़ में
क्या जानिए ग़रीब कहाँ काम आ गया

ये क्या मक़ाम-ए-इश्क़ है ज़ालिम कि इन दिनों
अक्सर तिरे बग़ैर भी आराम आ गया

अहबाब मुझ से क़त-ए-तअल्लुक़ करें 'जिगर'
अब आफ़ताब-ए-ज़ीस्त लब-ए-बाम आ गया

• **सुरूर** : *नशा* • **दौर-ए-बादा-ए-गुलफ़ाम** : *फूलों के रंग वाली शराब का दौर* • **मारका-ए-हुस्न-ओ-इश्क़** : *सुन्दरता और प्रेम का युद्ध* • **अहबाब** : *दोस्त* • **क़त-ए-तअल्लुक़** : *सम्बन्ध तोड़ना* • **आफ़ताब-ए-ज़ीस्त** : *जीवन का सूर्य* • **लब-ए-बाम** : *छत का किनारा*

क्या तअज्जुब कि मिरी रूह-ए-रवाँ तक पहुँचे
पहले कोई मिरे नग़मों की ज़बाँ तक पहुँचे

जब हर इक शोरिश-ए-ग़म ज़ब्त-ए-फ़ुग़ाँ तक पहुँचे
फिर ख़ुदा जाने ये हंगामा कहाँ तक पहुँचे

आँख तक दिल से न आए न ज़बाँ तक पहुँचे
बात जिस की है उसी आफ़त-ए-जाँ तक पहुँचे

जो ज़माने को बुरा कहते हैं ख़ुद हैं वो बुरे
काश ये बात तिरे गोश-ए-गिराँ तक पहुँचे

बढ़ के रिन्दों ने क़दम हज़रत-ए-वाइज़ के लिए
गिरते-पड़ते जो दर-ए-पीर-ए-मुग़ाँ तक पहुँचे

तू मिरे हाल-ए-परेशाँ पे बहुत तंज़ न कर
अपने गेसू भी ज़रा देख कहाँ तक पहुँचे

उन का जो फ़र्ज़ है वो अहल-ए-सियासत जानें
मेरा पैग़ाम मोहब्बत है जहाँ तक पहुँचे

जल्वे बेताब थे जो पर्दा-ए-फ़ितरत में 'जिगर'
ख़ुद तड़प कर मिरी चश्म-ए-निगराँ तक पहुँचे

• **रूह-ए-रवाँ** : *प्राणवायु* • **शोरिश-ए-ग़म** : *दुख का उपद्रव* • **ज़ब्त-ए-फ़ुग़ाँ** : *विलाप पर नियंत्रण* • **आफ़त-ए-जाँ** : *जान की आफ़त* • **गोश-ए-गिराँ** : *ऊँचा सुनने वाला कान* • **हज़रत-ए-वाइज़** : *धर्म-उपदेशक* • **दर-ए-पीर-ए-मुग़ाँ** : *धर्मगुरु का दरवाज़ा* • **हाल-ए-परेशाँ** : *दुर्दशा* • **पर्दा-ए-फ़ितरत** : *स्वभाव का पर्दा* • **चश्म-ए-निगराँ** : *पहरेदारी करने वाली आँख*

वो जो रूठें यूँ मनाना चाहिए
ज़िन्दगी से रूठ जाना चाहिए

हिम्मत-ए-क़ातिल बढ़ाना चाहिए
ज़ेर-ए-ख़ंजर मुस्कुराना चाहिए

ज़िन्दगी है नाम जोहद-ओ-जंग का
मौत क्या है भूल जाना चाहिए

है इन्हीं धोखों से दिल की ज़िन्दगी
जो हसीं धोखा हो खाना चाहिए

लज़्ज़तें हैं दुश्मन-ए-औज-ए-कमाल
कुल्फ़तों से जी लगाना चाहिए

उन से मिलने को तो क्या कहिए 'जिगर'
ख़ुद से मिलने को ज़माना चाहिए

• **ज़ेर-ए-ख़ंजर :** *ख़ंजर के नीचे* • **जोहद :** *संघर्ष* • **औज-ए-कमाल :** *कौशल-सम्पन्नता की पराकाष्ठा* • **कुल्फ़त :** *मानसिक कष्ट*

कोई ये कह दे गुलशन-गुलशन
लाख बलाएँ एक नशेमन

क़ातिल रहबर क़ातिल रहज़न
दिल सा दोस्त न दिल सा दुश्मन

फूल खिले हैं गुलशन गुलशन
लेकिन अपना अपना दामन

इश्क़ है प्यारे खेल नहीं है
इश्क़ है कार-ए-शीशा-ओ-आहन

ख़ैर मिज़ाज-ए-हुस्न की या-रब
तेज़ बहुत है दिल की धड़कन

आज न जाने राज़ ये क्या है
हिज्र की रात और इतनी रौशन

उम्रें बीतीं सदियाँ गुज़रीं
है वही अब तक इश्क़ का बचपन

तू ने सुलझ कर गेसू-ए-जानाँ
और बढ़ा दी शौक़ की उलझन

• **नशेमन :** *घर, घोंसला* • **कार-ए-शीशा-ओ-आहन :** *शीशा और लोहे का काम* • **गेसू-ए-जानाँ :** *प्रेमिका के बाल*

बैठे हम हर बज़्म में लेकिन
झाड़ के उट्ठे अपना दामन

शम्अ है लेकिन धुँधली-धुँधली
साया है लेकिन रौशन-रौशन

काँटों का भी हक़ है कुछ आख़िर
कौन छुड़ाए अपना दामन

चलती-फिरती छाँव है प्यारे
किस का सहरा कैसा गुलशन

✦

• **बज़्म :** *सभा*

वो अदा-ए-दिलबरी हो कि नवा-ए-आशिक़ाना
जो दिलों को फ़त्ह कर ले वही फ़ातेह-ए-ज़माना

मैं हूँ उस मक़ाम पर अब कि फ़िराक़-ओ-वस्ल कैसे
मिरा इश्क़ भी कहानी तिरा हुस्न भी फ़साना

मिरी ज़िन्दगी तो गुज़री तिरे हिज्र के सहारे
मिरी मौत को भी प्यारे कोई चाहिए बहाना

तिरे इश्क़ की करामत ये अगर नहीं तो क्या है
कभी बे-अदब न गुज़रा मिरे पास से ज़माना

तिरी दूरी-ओ-हुज़ूरी का ये है अजीब आलम
अभी ज़िन्दगी हक़ीक़त अभी ज़िन्दगी फ़साना

मैं वो साफ़ ही न कह दूँ जो है फ़र्क़ मुझ में तुझ में
तिरा दर्द दर्द-ए-तन्हा मिरा ग़म ग़म-ए-ज़माना

तिरे दिल के टूटने पर है किसी को नाज़ क्या-क्या
तुझे ऐ 'जिगर' मुबारक ये शिकस्त-ए-फ़ातेहाना

✦

• **अदा-ए-दिलबरी :** *दिल्लगी की अदा* • **नवा-ए-आशिक़ाना :** *प्रेमियों जैसी आवाज़* • **करामत :** *चमत्कार* • **शिकस्त-ए-फ़ातेहाना :** *हार जो जीन बन जाए*

काम आख़िर जज़्बा-ए-बे-इख़्तियार आ ही गया
दिल कुछ इस सूरत से तड़पा उन को प्यार आ ही गया

जब निगाहें उठ गईं अल्लाह-री मेराज-ए-शौक़
देखता क्या हूँ वो जान-ए-इन्तिज़ार आ ही गया

हाए ये हुस्न-ए-तसव्वुर का फ़रेब-ए-रंग-ओ-बू
मैं ये समझा जैसे वो जान-ए-बहार आ ही गया

इस तरह ख़ुश हूँ किसी के वादा-ए-फ़र्दा पे मैं
दर-हक़ीक़त जैसे मुझ को ऐतिबार आ ही गया

दर्द ने करवट ही बदली थी कि दिल की आड़ से
दफ़अतन पर्दा उठा और पर्दा-दार आ ही गया

दिल ने इक नाला किया आज इस तरह दीवाना-वार
बाल बिखराए कोई मस्ताना-वार आ ही गया

जान ही दे दी 'जिगर' ने आज पा-ए-यार पर
उम्र भर की बे-क़रारी को क़रार आ ही गया

• **जज़्बा-ए-बे-इख़्तियार :** *अनियंत्रित भावना* • **मेराज-ए-शौक़ :** *प्रेम की सीढ़ी* • **हुस्न-ए-तसव्वुर :** *कल्पना का सौन्दर्य* • **फ़रेब-ए-रंग-ओ-बू :** *रंग और गन्ध का धोखा* • **वादा-ए-फ़र्दा :** *भविष्य का वादा* • **दफ़अतन :** *अचानक* • **पर्दा-दार :** *भेद जानने वाला* • **मस्ताना-वार :** *मस्तों की तरह* • **पा-ए-यार :** *प्रेमिका का पाँव*

कभी शाख़-ओ-सब्ज़ा-ओ-बर्ग पर कभी ग़ुंचा-ओ-गुल-ओ-ख़ार पर
मैं चमन में चाहे जहाँ रहूँ मिरा हक़ है फ़स्ल-ए-बहार पर

मुझे दें न ग़ैज़ में धमकियाँ गिरें लाख बार ये बिजलियाँ
मिरी सल्तनत ये ही आशियाँ मिरी मिलकियत ये ही चार पर

जिन्हें कहिए इश्क़ की वुसअतें जो हैं ख़ास हुस्न की अज़्मतें
ये उसी के क़ल्ब से पूछिए जिसे फ़ख़्र हो ग़म-ए-यार पर

ये कमाल-ए-इश्क़ की साज़िशें ये जमाल-ए-हुस्न की नाज़िशें
ये इनायतें ये नवाज़िशें मिरी एक मुश्त-ए-ग़ुबार पर

मिरी सम्त से उसे ऐ सबा ये पयाम-ए-आख़िर-ए-ग़म सुना
अभी देखना हो तो देख जा कि ख़िज़ाँ है अपनी बहार पर

ये फ़रेब-ए-जल्वा है सर-ब-सर मुझे डर ये है दिल-ए-बे-ख़बर
कहीं जम न जाए तिरी नज़र इन्हीं चन्द नक़्श-ओ-निगार पर

मैं रहीन-ए-दर्द सही मगर मुझे और चाहिए क्या 'जिगर'
ग़म-ए-यार है मिरा शेफ़्ता मैं फ़रेफ़्ता ग़म-ए-यार पर

✦

• **ग़ुंचा :** *कली* • **ख़ार :** *काँटा* • **मिलकियत :** *सम्पत्ति* • **वुसअतें :** *फैलाव (बहुवचन)* • **क़ल्ब :** *दिल* • **नवाज़िश :** *दयालुता* • **मुश्त-ए-ग़ुबार :** *मुट्ठी भर धूल* • **पयाम-ए-आख़िर-ए-ग़म :** *दुख के अन्त का सन्देश* • **रहीन-ए-दर्द :** *दर्द का गिरवी* • **फ़रेफ़्ता :** *मोहित*

सब पे तू मेहरबान है प्यारे
कुछ हमारा भी ध्यान है प्यारे

आ कि तुझ बिन बहुत दिनों से ये दिल
एक सूना मकान है प्यारे

तू जहाँ नाज़ से क़दम रख दे
वो ज़मीन आसमान है प्यारे

मुख़्तसर है ये शौक़ की रूदाद
हर नफ़स दास्तान है प्यारे

अपने जी में ज़रा तो कर इंसाफ़
कब से ना-मेहरबान है प्यारे

सब्र टूटे हुए दिलों का न ले
तू यूँही धान-पान है प्यारे

हम से जो हो सका सो कर गुज़रे
अब तिरा इम्तिहान है प्यारे

मुझ में तुझ में तो कोई फ़र्क़ नहीं
इश्क़ क्यूँ दरमियान है प्यारे

क्या कहे हाल-ए-दिल ग़रीब 'जिगर'
टूटी फूटी ज़बान है प्यारे

• **नफ़स** : *साँस* • **धान-पान** : *कमज़ोर*

तुझी से इब्तिदा है तू ही इक दिन इन्तिहा होगा
सदा-ए-साज़ होगी और न साज़-ए-बे-सदा होगा

हमें मालूम है हम से सुनो महशर में क्या होगा
सब उस को देखते होंगे वो हम को देखता होगा

सर-ए-महशर हम ऐसे आसियों का और क्या होगा
दर-ए-जन्नत न वा होगा दर-ए-रहमत तो वा होगा

जहन्नम हो कि जन्नत जो भी होगा फ़ैसला होगा
ये क्या कम है हमारा और उन का सामना होगा

निगाह-ए-क़हर पर भी जान-ओ-दिल सब खोए बैठा है
निगाह-ए-मेहर आशिक़ पर अगर होगी तो क्या होगा

सियाना भेज देगा हम को महशर से जहन्नम में
मगर जो दिल पे गुज़रेगी वो दिल ही जानता होगा

समझता क्या है तू दीवानगान-ए-इश्क़ को ज़ाहिद
ये हो जाएँगे जिस जानिब उसी जानिब ख़ुदा होगा

'जिगर' का हाथ होगा हश्र में और दामन-ए-हज़रत
शिकायत हो कि शिकवा जो भी होगा बरमला होगा

• **सदा-ए-साज़ :** *संगीत की आवाज़* • **साज़-ए-बे-सदा :** *स्वरहीन संगीत* • **सर-ए-महशर :** *प्रलय में* • **निगाह-ए-क़हर :** *क्रोधित दृष्टि* • **निगाह-ए-मेहर :** *दया की दृष्टि* • **दीवानगान-ए-इश्क़ :** *प्रेम में दीवाने लोग* • **ज़ाहिद :** *धर्म-परायण व्यक्ति* • **दामन-ए-हज़रत :** *पैग़म्बर मोहम्मद के कपड़े का दामन*

आज क्या हाल है या-रब सर-ए-महफ़िल मेरा
कि निकाले लिए जाता है कोई दिल मेरा

सोज़-ए-ग़म देख न बर्बाद हो हासिल मेरा
दिल की तस्वीर है हर आइना-ए-दिल मेरा

सुब्ह तक हिज्र में क्या जानिए क्या होता है
शाम ही से मिरे क़ाबू में नहीं दिल मेरा

पाया जाता है तिरी शोख़ी-ए-रफ़्तार का रंग
काश पहलू में धड़कता ही रहे दिल मेरा

हाए उस मर्द की क़िस्मत जो हुआ दिल का शरीक
हाए उस दिल का मुक़द्दर जो बना दिल मेरा

कुछ खटकता तो है पहलू में मिरे रह रह कर
अब ख़ुदा जाने तिरी याद है या दिल मेरा

• **सर-ए-महफ़िल :** *सभा में* • **सोज़-ए-ग़म :** *दुख की तपिश* • **शोख़ी-ए-रफ़्तार :** *चाल की सुन्दरता*

क्या बराबर का मोहब्बत में असर होता है
दिल इधर होता है ज़ालिम न उधर होता है

हम ने क्या कुछ न किया दीदा-ए-दिल की ख़ातिर
लोग कहते हैं दुआओं में असर होता है

दिल तो यूँ दिल से मिलाया कि न रक्खा मेरा
अब नज़र के लिए क्या हुक्म-ए-नज़र होता है

मैं गुनहगार-ए-जुनूँ मैं ने ये माना लेकिन
कुछ उधर से भी तक़ाज़ा-ए-नज़र होता है

कौन देखे उसे बेताब-ए-मोहब्बत ऐ दिल
तू वो नाले ही न कर जिन में असर होता है

✦

• **दीदा-ए-दिल :** *हृदय की आँख* • **हुक्म-ए-नज़र :** *आँख की आदेश* • **तक़ाज़ा-ए-नज़र :** *आँख का निवेदन* • **बेताब-ए-मोहब्बत :** *प्रेम में व्याकुल*

यादश-ब-ख़ैर जब वो तसव्वुर में आ गया
शेर-ओ-शबाब-ओ-हुस्न का दरिया बहा गया

जब इश्क़ अपने मरकज़-ए-अस्ली पे आ गया
ख़ुद बन गया हसीन दो आलम पे छा गया

जो दिल का राज़ था उसे कुछ दिल ही पा गया
वो कर सके बयाँ न हमीं से कहा गया

नासेह फ़साना अपना हँसी में उड़ा गया
ख़ुश-फ़िक्र था कि साफ़ ये पहलू बचा गया

अपना ज़माना आप बनाते हैं अहल-ए-दिल
हम वो नहीं कि जिन को ज़माना बना गया

दिल बन गया निगाह निगह बन गई ज़बाँ
आज इक सुकूत-ए-शौक़ क़यामत ही ढा गया

मेरा कमाल-ए-शेर बस इतना है ऐ 'जिगर'
वो मुझ पे छा गए मैं ज़माने पे छा गया

• **यादश-ब-ख़ैर :** *उस की याद अच्छी रहे* • **मरकज़-ए-अस्ली :** *वास्तविक केन्द्र* • **सुकूत-ए-शौक़ :** *प्रेम की शान्ति*

ऐ हुस्न-ए-यार शर्म ये क्या इंक़लाब है
तुझ से ज़ियादा दर्द तिरा कामयाब है

आशिक़ की बे-दिली का तग़ाफ़ुल नहीं जवाब
उस का बस एक जोश-ए-मोहब्बत जवाब है

उस से दिल-ए-तबाह की रूदाद क्या कहूँ
जो ये न सुन सके कि ज़माना ख़राब है

ऐ मोहतसिब न फेंक मिरे मोहतसिब न फेंक
ज़ालिम शराब है अरे ज़ालिम शराब है

अपने हुदूद से न बढ़े कोई इश्क़ में
जो ज़र्रा जिस जगह है वहीं आफ़ताब है

वो लाख सामने हों मगर इस का क्या इलाज
दिल मानता नहीं कि नज़र कामयाब है

मेरी निगाह-ए-शौक़ भी कुछ कम नहीं मगर
फिर भी तिरा शबाब तिरा ही शबाब है

मैं उस का आईना हूँ वो है मेरा आईना
मेरी नज़र से उस की नज़र कामयाब है

सरमाया-ए-फ़िराक़ 'जिगर' आह कुछ न पूछ
अब जान है सो अपने लिए ख़ुद अज़ाब है

• **हुस्न-ए-यार :** *प्रेमिका का सौन्दर्य* • **रूदाद :** *विवरण* • **मोहतसिब :** *हिसाब लेने वाला* • **आफ़ताब :** *सूरज* • **निगाह-ए-शौक़ :** *प्रेम की दृष्टि* • **सरमाया-ए-फ़िराक़ :** *विरह की पूँजी*

ये मिसरा काश नक़्श-ए-हर-दर-ओ-दीवार हो जाए
जिसे जीना हो मरने के लिए तैयार हो जाए

वही मय-ख़्वार है जो इस तरह मय-ख़्वार हो जाए
कि शीशा तोड़ दे और बे-पिए सरशार हो जाए

हर इक बे-कार सी हस्ती ब-रू-ए-कार हो जाए
जुनूँ की रूह-ए-ख़्वाबीदा अगर बेदार हो जाए

सुना है हश्र में हर आँख उसे बे-पर्दा देखेगी
मुझे डर है न तौहीन-ए-जमाल-ए-यार हो जाए

हरीम-ए-नाज़ में उस की रसाई हो तो क्यूँकर हो
कि जो आसूदा ज़ेर-ए-साया-ए-दीवार हो जाए

इक ऐसी शान पैदा कर कि बातिल थरथरा उट्ठे
नज़र तलवार बन जाए नफ़स झंकार हो जाए

ये रोज़-ओ-शब ये सुब्ह-ओ-शाम ये बस्ती ये वीराना
सभी बेदार हैं इंसाँ अगर बेदार हो जाए

• **नक़्श-ए-हर-दर-ओ-दीवार** : *हर दीवार और दरवाज़े का चेहरा* • **मय-ख़्वार** : *शराबी* • **ब-रू-ए-कार** : *काम में लाना, सार्थक* • **रूह-ए-ख़्वाबीदा** : *सोई हुई आत्मा* • **तौहीन-ए-जमाल-ए-यार** : *प्रेमिका के सौन्दर्य का अपमान* • **हरीम-ए-नाज़** : *प्रेमिका का घर* • **रसाई** : *पहुँच* • **ज़ेर-ए-साया-ए-दीवार** : *दीवार की परछाई के नीचे* • **बातिल** : *झूठ* • **नफ़स** : *साँस*

फ़िक्र-ए-मंज़िल है न होश-ए-जादा-ए-मंज़िल मुझे
जा रहा हूँ जिस तरफ़ ले जा रहा है दिल मुझे

यूँ तड़प कर दिल ने तड़पाया सर-ए-महफ़िल मुझे
उस को क़ातिल कहने वाले कह उठे क़ातिल मुझे

अब किधर जाऊँ बता ऐ जज़्बा-ए-कामिल मुझे
हर तरफ़ से आज आती है सदा-ए-दिल मुझे

रोक सकती हो तो बढ़ कर रोक ले मंज़िल मुझे
हर तरफ़ से आज आती है सदा-ए-दिल मुझे

ख़ून-ए-दिल रग रग में जम कर रह गया इस वहम से
बढ़ के सीने से न लिपटा ले मिरा क़ातिल मुझे

फूँक दे ऐ ग़ैरत-ए-सोज़-ए-मोहब्बत फूँक दे
अब समझती हैं वो नज़रें रहम के क़ाबिल मुझे

ऐ हुजूम-ए-ना-उमीदी शाद-बाश-ओ-ज़िन्दा-बाश
तू ने सब से कर दिया बेगाना-ओ-ग़ाफ़िल मुझे

दर्द-ए-महरूमी सही एहसास-ए-नाकामी सही
उस ने समझा तो बहर-सूरत किसी क़ाबिल मुझे

ये भी क्या मंज़र है बढ़ते हैं न रुकते हैं क़दम
तक रहा हूँ दूर से मंज़िल को मैं मंज़िल मुझे

• **फ़िक्र-ए-मंज़िल :** *लक्ष्य की चिन्ता* • **होश-ए-जादा-ए-मंज़िल :** *लक्ष्य की राह का होश* • **जज़्बा-ए-कामिल :** *वो भावना जो पूर्णताः को पहुँची हुई हो* • **सदा-ए-दिल :** *दिल की आवाज़* • **ग़ैरत-ए-सोज़-ए-मोहब्बत :** *प्रेम की ज्वाला की लाज* • **हुजूम-ए-ना-उमीदी :** *निराशा की अधिकता* • **शाद-बाश-ओ-ज़िन्दा-बाश :** *चैन और ज़िन्दा-दिली के साथ ज़िन्दगी गुज़ारो* • **दर्द-ए-महरूमी :** *वंचित होने का दर्द* • **एहसास-ए-नाकामी :** *असफलता का अनुभव*

उसे हाल-ओ-क़ाल से वास्ता न ग़रज़ मक़ाम-ओ-क़याम से
जिसे कोई निस्बत-ए-ख़ास हो तिरे हुस्न-ए-बर्क़-ख़िराम से

मुझे दे रहे हैं तसल्लियाँ वो हर एक ताज़ा पयाम से
कभी आ के मंज़र-ए-आम पर कभी हट के मंज़र-ए-आम से

न ग़रज़ किसी से न वास्ता मुझे काम अपने ही काम से
तिरे ज़िक्र से तिरी फ़िक्र से तिरी याद से तिरे नाम से

तिरी सुब्ह-ए-ऐश है क्या बला तुझे ऐ फ़लक जो हो हौसला
कभी कर ले आ के मुक़ाबला ग़म-ए-हिज्र-ए-यार की शाम से

तिरी चश्म-ए-मस्त को क्या कहूँ कि नज़र-नज़र है फ़ुसूँ-फ़ुसूँ
ये तमाम होश ये सब जुनूँ इसी एक गर्दिश-ए-जाम से

मुझे चाहिए वही साक़िया जो बरस चले जो छलक चले
तिरे हुस्न-ए-शीशा-ब-दस्त से तिरी चश्म-ए-बादा-ब-जाम से

वहीं चश्म-ए-हूर फड़क गई अभी पी न थी कि बहक गई
कभी यक-ब-यक जो छलक गई किसी रिन्द-ए-मस्त के जाम से

तू हज़ार उज्र करे मगर हमें रश्क है और ही कुछ 'जिगर'
तिरी इज़्तिराब-ए-निगाह से तिरे एहतियात-ए-कलाम से

✦

• **हाल-ओ-क़ाल :** *वर्तमान स्थिति* • **मक़ाम-ओ-क़याम :** *स्थान और आश्रय* • **निस्बत-ए-ख़ास :** *विशेष सम्बन्ध* • **हुस्न-ए-बर्क़-ख़िराम :** *बिजली की भाँति तेज़ गति वाले का सौन्दर्य* • **मंज़र-ए-आम :** *सार्वजनिक स्थान* • **सुब्ह-ए-ऐश :** *विलासता भरी सुबह* • **ग़म-ए-हिज्र-ए-यार :** *प्रेमिका से विरह का दुख* • **चश्म-ए-मस्त :** *नशीली आँख* • **फ़ुसूँ :** *जादू* • **गर्दिश-ए-जाम :** *प्याले का घूमना* • **हुस्न-ए-शीशा-ब-दस्त :** *हाथ के प्याले का सौन्दर्य* • **चश्म-ए-बादा-ब-जाम :** *प्याले में शराब की आँख* • **चश्म-ए-हूर :** *अपसरा की आँख* • **यक-ब-यक :** *एकाएक* • **रिन्द-ए-मस्त :** *मस्त शराबी* • **इज़्तिराब-ए-निगाह :** *निगाह की बेचैनी* • **एहतियात-ए-कलाम :** *बोलने में सावधानी*

लाखों में इन्तिख़ाब के क़ाबिल बना दिया
जिस दिल को तुम ने देख लिया दिल बना दिया

हर-चन्द कर दिया मुझे बर्बाद इश्क़ ने
लेकिन उन्हें तो शेफ़्ता-ए-दिल बना दिया

पहले कहाँ ये नाज़ थे ये इश्वा-ओ-अदा
दिल को दुआएँ दो तुम्हें क़ातिल बना दिया

• **इन्तिख़ाब :** *चयन* • **हर-चन्द :** *हालाँकि* • **शेफ़्ता-ए-दिल :** *मोहित दिल* • **इश्वा :** *हाव-भाव*

शर्मा गए लजा गए दामन छुड़ा गए
ऐ इश्क़ मर्हबा वो यहाँ तक तो आ गए

दिल पर हज़ार तरह के औहाम छा गए
ये तुम ने क्या किया मिरी दुनिया में आ गए

सब कुछ लुटा के राह-ए-मोहब्बत में अहल-ए-दिल
ख़ुश हैं कि जैसे दौलत-ए-कौनैन पा गए

सेहन-ए-चमन को अपनी बहारों पे नाज़ था
वो आ गए तो सारी बहारों पे छा गए

अक़्ल-ओ-जुनूँ में सब की थीं राहें जुदा-जुदा
हिर-फिर के लेकिन एक ही मंज़िल पे आ गए

अब क्या करूँ मैं फ़ितरत-ए-नाकाम-ए-इश्क़ को
जितने थे हादसात मुझे रास आ गए

✦

• **मर्हबा :** *शाबाश* • **औहाम :** *भ्रम (बहुवचन)* • **राह-ए-मोहब्बत :** *प्रेम की राह* • **अहल-ए-दिल :** *दिल वाले* • **दौलत-ए-कौनैन :** *दोनों संसार की धन-सम्पदा* • **सेहन-ए-चमन :** *बाग़ के भीतर का हरा-भरा क्षेत्र* • **अक़्ल-ओ-जुनूँ :** *समझ और दीवानगी* • **फ़ितरत-ए-नाकाम-ए-इश्क़ :** *असफल प्रेम का स्वभाव* • **हादसात :** दुर्घटनाएँ

इश्क़ में ला-जवाब हैं हम लोग
माहताब आफ़ताब हैं हम लोग

गरचे अहल-ए-शराब हैं हम लोग
ये न समझो ख़राब हैं हम लोग

नाज़ करती है ख़ाना-वीरानी
ऐसे ख़ाना-ख़राब हैं हम लोग

तू हमारा जवाब है तन्हा
और तेरा जवाब हैं हम लोग

ख़ूब हम जानते हैं अपनी क़द्र
तेरे ना-कामयाब हैं हम लोग

जानता भी है उस को तू वाइज़
जिस के मस्त-ओ-ख़राब हैं हम लोग

जब मिली आँख होश खो बैठे
कितने हाज़िर-जवाब हैं हम लोग

हम से पूछो 'जिगर' की सर-मस्ती
महरम-ए-आँ-जनाब हैं हम लोग

✦

• **अहल-ए-शराब :** *शराब पीने वाले* • **ख़ाना-वीरानी :** *घर की वीरानी* • **ख़ाना-ख़राब :** *बेघर* • **ना-कामयाब :** *असफल* • **वाइज़ :** *धर्म-उपदेशक* • **मस्त-ओ-ख़राब :** *मस्त और ख़राब* • **हाज़िर-जवाब :** *वाक-चतुर* • **सर-मस्ती :** *मदहोशी* • **महरम-ए-आँ-जनाब :** *उस व्यक्ति के विश्वस्त*

दिल गया रौनक़-ए-हयात गई
ग़म गया सारी कायनात गई

दिल धड़कते ही फिर गई वो नज़र
लब तक आई न थी कि बात गई

तेरी बातों से आज तो वाइज़
वो जो थी ख़्वाहिश-ए-नजात गई

उन के बहलाए भी न बहला दिल
रायगाँ सई-ए-इल्तिफ़ात गई

मर्ग-ए-आशिक़ तो कुछ नहीं लेकिन
इक मसीहा-नफ़स की बात गई

हाँ ये सरशारियाँ जवानी की
आँख झपकी ही थी कि रात गई

क़ैद-ए-हस्ती से कब नजात 'जिगर'
मौत आई अगर हयात गई

• **रौनक़-ए-हयात :** *जीवन की रौनक़* • **वाइज़ :** *धर्म-उपदेशक* • **ख़्वाहिश-ए-नजात :** *मुक्ति की इच्छा* • **रायगाँ :** *बेकार* • **सई-ए-इल्तिफ़ात :** *प्रेम की कोशिश* • **मर्ग-ए-आशिक़ :** *प्रेमी की मृत्यु* • **सरशारियाँ :** *मस्ती, तृप्ति* • **क़ैद-ए-हस्ती :** *जीवन की क़ैद* • **हयात :** *जीवन*

क्या कशिश हुस्न-ए-बे-पनाह में है
जो क़दम है उसी की राह में है

मय-कदे में न ख़ानक़ाह में है
जो तजल्ली दिल-ए-तबाह में है

हाए वो राज़-ए-ग़म कि जो अब तक
तेरे दिल में मिरी निगाह में है

इश्क़ में कैसी मंज़िल-ए-मक़्सूद
वो भी इक गर्द है जो राह में है

मैं जहाँ हूँ तिरे ख़याल में हूँ
तू जहाँ है मिरी निगाह में है

हुस्न को भी कहाँ नसीब 'जिगर'
वो जो इक शय मिरी निगाह में है

• **कशिश** : *आकर्षण* • **हुस्न-ए-बे-पनाह** : *अनन्त सुन्दरता* • **मय-कदे** : *मदिरालय* • **ख़ानक़ाह** : *मठ* • **तजल्ली** : *प्रकाश* • **दिल-ए-तबाह** : *बर्बाद दिल* • **राज़-ए-ग़म** : *दुःख का भेद* • **मंज़िल-ए-मक़्सूद** : *मनचाही मंज़िल* • **शय** : *चीज़*

आया न रास नाला-ए-दिल का असर मुझे
अब तुम मिले तो कुछ नहीं अपनी ख़बर मुझे

दिल ले के मुझ से देते हो दाग़-ए-जिगर मुझे
ये बात भूलने की नहीं उम्र भर मुझे

डाला है बे-ख़ुदी ने अजब राह पर मुझे
आँखें हैं और कुछ नहीं आता नज़र मुझे

करना है आज हज़रत-ए-नासेह से सामना
मिल जाए दो घड़ी को तुम्हारी नज़र मुझे

सीने से दिल अज़ीज़ है दिल से हो तुम अज़ीज़
सब से मगर अज़ीज़ है तेरी नज़र मुझे

क्या जानिए क़फ़स में रहे क्या मुआमला
अब तक तो हैं अज़ीज़ मिरे बाल-ओ-पर मुझे

• **नाला-ए-दिल :** *दिल की शिकायत* • **दाग़-ए-जिगर :** *जिगर का घाव* • **बे-ख़ुदी :** *आत्मविस्मृति* • **हज़रत-ए-नासेह :** *उपदेशक महोदय* • **अज़ीज़ :** *प्रिय* • **क़फ़स :** *क़ैद, पिंजरा* • **बाल-ओ-पर :** *बाल और पंख*

कसरत में भी वहदत का तमाशा नज़र आया
जिस रंग में देखा तुझे यकता नज़र आया

ये हुस्न ये शोख़ी ये करिश्मा ये अदाएँ
दुनिया नज़र आई मुझे तो क्या नज़र आया

जब देख न सकते थे तो दरिया भी था क़तरा
जब आँख खुली क़तरा भी दरिया नज़र आया

हर रंग तिरे रंग में डूबा हुआ निकला
हर नक़्श तिरा नक़्श-ए-कफ़-ए-पा नज़र आया

आँखों ने दिखा दी जो तिरे ग़म की हक़ीक़त
आलम मुझे सारा तह-ओ-बाला नज़र आया

हर जल्वे को देखा तिरे जल्वों से मुनव्वर
हर बज़्म में तू अंजुमन-आरा नज़र आया

✦

• **कसरत :** *अधिकता* • **वहदत :** *अद्वैत* • **यकता :** *अकेला* • **नक़्श-ए-कफ़-ए-पा :** *पाँव के निशान* • **तह-ओ-बाला :** *उलट-पुलट* • **मुनव्वर :** *प्रकाशमान* • **बज़्म :** *सभा* • **अंजुमन-आरा :** *सभा की शोभा*

इश्क़-ए-ला-महदूद जब तक रहनुमा होता नहीं
ज़िन्दगी से ज़िन्दगी का हक़ अदा होता नहीं

उस से बढ़ कर दोस्त कोई दूसरा होता नहीं
सब जुदा हो जाएँ लेकिन ग़म जुदा होता नहीं

ज़िन्दगी इक हादसा है और कैसा हादसा
मौत से भी ख़त्म जिस का सिलसिला होता नहीं

कौन ये नासेह को समझाए ब-तर्ज़-ए-दिल-नशीं
इश्क़ सादिक़ हो तो ग़म भी बे-मज़ा होता नहीं

दर्द से मामूर होती जा रही है कायनात
इक दिल-ए-इंसाँ मगर दर्द-आश्ना होता नहीं

हर क़दम के साथ मंज़िल लेकिन इस का क्या इलाज
इश्क़ ही कम-बख़्त मंज़िल-आश्ना होता नहीं

उस मक़ाम-ए-क़ुर्ब तक अब इश्क़ पहुँचा है जहाँ
दीदा-ओ-दिल का भी अक्सर वास्ता होता नहीं

अल्लह अल्लह ये कमाल और इर्तिबात-ए-हुस्न-ओ-इश्क़
फ़ासले हों लाख दिल से दिल जुदा होता नहीं

क्या क़यामत है कि इस दौर-ए-तरक़्क़ी में 'जिगर'
आदमी से आदमी का हक़ अदा होता नहीं

• **इश्क़-ए-ला-महदूद** : *असीमित प्रेम* • **रहनुमा** : *मार्गदर्शक* • **नासेह** : *उपदेशक* • **ब-तर्ज़-ए-दिल-नशीं** : *मन मोहने के अन्दाज़ में* • **सादिक़** : *सच्चा* • **मामूर** : *आबाद* • **दिल-ए-इंसाँ** : *इंसान का दिल* • **दर्द-आश्ना** : *दर्द से परिचित* • **कम-बख़्त** : *अभागा* • **मंज़िल-आश्ना** : *लक्ष्य से परिचित* • **इर्तिबात-ए-हुस्न-ओ-इश्क़** : *सुन्दरता और प्रेम का मिलाप* • **दौर-ए-तरक़्क़ी** : *प्रगति का दौर*

शब-ए-फ़िराक़ है और नींद आई जाती है
कुछ इस में उन की तवज्जो भी पाई जाती है

बना-बना के जो दुनिया मिटाई जाती है
ज़रूर कोई कमी है कि पाई जाती है

हमीं पे इश्क़ की तोहमत लगाई जाती है
मगर ये शर्म जो चेहरे पे छाई जाती है

ख़ुदा करे कि हक़ीक़त में ज़िन्दगी बन जाए
वो ज़िन्दगी जो ज़बाँ तक ही पाई जाती है

गुनाहगार के दिल से न बच के चल ज़ाहिद
यहीं कहीं तिरी जन्नत भी पाई जाती है

कुछ ऐसे भी तो हैं रिन्दान-ए-पाक-बाज़ 'जिगर'
कि जिन को बे-मय-ओ-साग़र पिलाई जाती है

• **शब-ए-फ़िराक़ :** *विरह की रात* • **तवज्जोह :** *ध्यान देना* • **तोहमत :** *आरोप, कलंक* • **ज़ाहिद :** *धर्म-परायण व्यक्ति*
• **रिन्दान-ए-पाक-बाज़ :** *पवित्र शराबी* • **बे-मय-ओ-साग़र :** *प्याले और शराब के बिना*

जेहल-ए-ख़िरद ने दिन ये दिखाए
घट गए इंसाँ बढ़ गए साए

दिल पे कुछ ऐसा वक़्त पड़ा है
भागे लेकिन राह न पाए

कैसा मजाज़ और कैसी हक़ीक़त
अपने ही जल्वे अपने ही साए

झूठी है हर एक मसर्रत
रूह अगर तस्कीन न पाए

हुस्न वही है हुस्न जो ज़ालिम
हाथ लगाए हाथ न आए

नग़मा वही है नग़मा कि जिस को
रूह सुने और रूह सुनाए

राह-ए-जुनूँ आसान हुई है
ज़ुल्फ़-ओ-मिज़ा के साए साए

• **जेहल-ए-ख़िरद :** *अक़्ल की नासमझी* • **मजाज़ :** *भ्रम* • **मसर्रत :** *ख़ुशी* • **तस्कीन :** *सन्तोष* • **राह-ए-जुनूँ :** *दीवानगी की राह* • **ज़ुल्फ़-ओ-मिज़ा :** *बाल और पलक*

तिरे जमाल-ए-हक़ीक़त की ताब ही न हुई
हज़ार बार निगह की मगर कभी न हुई

तिरी ख़ुशी से अगर ग़म में भी ख़ुशी न हुई
वो ज़िन्दगी तो मोहब्बत की ज़िन्दगी न हुई

ठहर ठहर दिल-ए-बेताब प्यार तो कर लूँ
अब उस के बाद मुलाक़ात फिर हुई न हुई

तिरी निगाह-ए-करम को भी आज़मा देखा
अज़िय्यतों में न होनी थी कुछ कमी न हुई

सबा ये उन से हमारा पयाम कह देना
गए हो जब से यहाँ सुब्ह-ओ-शाम ही न हुई

इधर से भी है सिवा कुछ उधर की मजबूरी
कि हम ने आह तो की उन से आह भी न हुई

गए थे हम भी 'जिगर' जल्वा-गाह-ए-जानाँ में
वो पूछते ही रहे हम से बात भी न हुई

✦

• **जमाल-ए-हक़ीक़त :** *यथार्थ की सुन्दरता* • **दिल-ए-बेताब :** *व्याकुल दिल* • **निगाह-ए-करम :** *दया की निगाह* • **अज़िय्यत :** *यातना* • **पयाम :** *सन्देश* • **सुब्ह-ओ-शाम :** *भोर और साँझ* • **जल्वा-गाह-ए-जानाँ :** *प्रेमिका के प्रकट होने की जगह*

किसी सूरत नुमूद-ए-सोज़-ए-पिन्हानी नहीं जाती
बुझा जाता है दिल चेहरे की ताबानी नहीं जाती

नहीं जाती कहाँ तक फ़िक्र-ए-इंसानी नहीं जाती
मगर अपनी हक़ीक़त आप पहचानी नहीं जाती

सदाक़त हो तो दिल सीनों से खिंचने लगते हैं वाइज़
हक़ीक़त ख़ुद को मनवा लेती है मानी नहीं जाती

वो यूँ दिल से गुज़रते हैं कि आहट तक नहीं होती
वो यूँ आवाज़ देते हैं कि पहचानी नहीं जाती

नहीं मालूम किस आलम में हुस्न-ए-यार देखा था
कोई आलम हो लेकिन दिल की हैरानी नहीं जाती

मोहब्बत में इक ऐसा वक़्त भी दिल पर गुज़रता है
कि आँसू ख़ुश्क हो जाते हैं तुग़्यानी नहीं जाती

'जिगर' वो भी ज़े-सर-ता-पा मोहब्बत ही मोहब्बत हैं
मगर उन की मोहब्बत साफ़ पहचानी नहीं जाती

• **नुमूद-ए-सोज़-ए-पिन्हानी :** *छिपी हुई तपिश का उभरना* • **ताबानी :** *चमक* • **फ़िक्र-ए-इंसानी :** *मानवीय सोच*
• **सदाक़त :** *सच्चाई* • **वाइज़ :** *धर्म-उपदेशक* • **हुस्न-ए-यार :** *प्रेमी / प्रेमिका का सौन्दर्य* • **ख़ुश्क :** *सूखा* • **तुग़यानी :** *जलप्लावन* • **ज़े-सर-ता-पा :** *सिर से पाँव तक*

निगाहों का मरकज़ बना जा रहा हूँ
मोहब्बत के हाथों लुटा जा रहा हूँ

न जाने कहाँ से न जाने किधर को
बस इक अपनी धुन में उड़ा जा रहा हूँ

मुझे रोक सकता हो कोई तो रोके
कि छुप कर नहीं, बरमला जा रहा हूँ

निगाहों में मंज़िल मिरी फिर रही है
यूँही गिरता पड़ता चला जा रहा हूँ

तिरी मस्त नज़रें ग़ज़ब ढा रही हैं
ये आलम है जैसे उड़ा जा रहा हूँ

न सूरत न मानी न पैदा न पिन्हाँ
ये किस हुस्न में गुम हुआ जा रहा हूँ

• **मरकज़ :** *केन्द्र* • **बरमला :** *खुले-आम* • **पिन्हाँ :** *छिपा हुआ*

दिल को मिटा के दाग़-ए-तमन्ना दिया मुझे
ऐ इश्क़ तेरी ख़ैर हो ये क्या दिया मुझे

महशर में बात भी न ज़बाँ से निकल सकी
क्या झुक के उस निगाह ने समझा दिया मुझे

हर बार यास हिज्र में दिल की हुई शरीक
हर मर्तबा उमीद ने धोखा दिया मुझे

अल्लह रे तेग़-ए-इश्क़ की बरहम-मिज़ाजियाँ
मेरे ही ख़ून-ए-शौक़ में नहला दिया मुझे

ख़ुश हूँ कि हुस्न-ए-यार ने ख़ुद अपने हाथ से
इक दिल-फ़रेब दाग़-ए-तमन्ना दिया मुझे

दुनिया से खो चुका है मिरा जोश-ए-इन्तिज़ार
आवाज़-ए-पा-ए-यार ने चौंका दिया मुझे

दावा किया था ज़ब्त-ए-मोहब्बत का ऐ 'जिगर'
ज़ालिम ने बात-बात पे तड़पा दिया मुझे

• **दाग़-ए-तमन्ना** : *कामना का दाग़* • **महशर** : *प्रलय* • **यास** : *निराशा* • **हिज्र** : *विरह* • **शरीक** : *शामिल* • **तेग़-ए-इश्क़** : *प्रेम की तलवार* • **बरहम-मिज़ाजियाँ** : *क्रोधित स्वभाव* • **ख़ून-ए-शौक़** : *प्रेम की हत्या* • **हुस्न-ए-यार** : *प्रेमिका की सुन्दरता* • **दिल-फ़रेब** : *मन को छलने वाला* • **जोश-ए-इन्तिज़ार** : *प्रतीक्षा का आवेश* • **आवाज़-ए-पा-ए-यार** : *प्रेमिका के पाँव की आवाज़* • **ज़ब्त-ए-मोहब्बत** : *प्रेम पर नियंत्रण*

राज़ जो सीना-ए-फ़ितरत में निहाँ होता है
सब से पहले दिल-ए-शायर पे अयाँ होता है

जब कोई इश्क़ में बर्बाद-ए-जहाँ होता है
मुझ को महसूस ख़ुद अपना ही ज़ियाँ होता है

कहीं ऐसा तो नहीं वो भी हो कोई आज़ार
तुझ को जिस चीज़ पे राहत का गुमाँ होता है

हर क़दम मारका-ए-कर्ब-ओ-बला है दरपेश
हर नफ़स सानेहा-ए-मर्ग-ए-जवाँ होता है

नाज़ जिस ख़ाक-ए-वतन पर था मुझे आह 'जिगर'
उसी जन्नत पे जहन्नम का गुमाँ होता है

• **सीना-ए-फ़ितरत :** *प्रकृति का दिल* • **निहाँ :** *छिपा हुआ* • **दिल-ए-शायर :** *शायर का दिल* • **अयाँ :** *प्रकट* • **बर्बाद-ए-जहाँ :** *संसार में बर्बाद* • **ज़ियाँ :** *हानि* • **आज़ार :** *यातना* • **मारका-ए-कर्ब-ओ-बला :** *दुख और विषमता का युद्ध-क्षेत्र* • **नफ़स :** *साँस* • **सानेहा-ए-मर्ग-ए-जवाँ :** *अल्पायु में मृत्यु की त्रासदी* • **ख़ाक-ए-वतन :** *देश की मिट्टी* • **जहन्नम :** *नर्क*

ये फ़लक ये माह-ओ-अंजुम ये ज़मीन ये ज़माना
तिरे हुस्न की हिकायत मिरे इश्क़ का फ़साना

ये है इश्क़ की करामत ये कमाल-ए-शायराना
अभी मुँह से बात निकली अभी हो गई फ़साना

तुझे हादसात-ए-पैहम से भी क्या मिलेगा नादाँ
तिरा दिल अगर हो ज़िन्दा तो नफ़स भी ताज़ियाना

वो अदा-ए-दिलबरी हो कि नवा-ए-आशिक़ाना
जो दिलों को फ़त्ह कर ले वही फ़ातेह-ए-ज़माना

✦

• **फ़लक :** *आकाश* • **माह-ओ-अंजुम :** *चाँद-सितारे* • **हिकायत :** *कहानी* • **कमाल-ए-शायराना :** *शायरी का कमाल* • **फ़साना :** *कहानी* • **हादसात-ए-पैहम :** *लगातार दुर्घटनाएँ* • **नफ़स :** *साँस* • **ताज़ियाना :** *कोड़ा* • **अदा-ए-दिलबरी :** *दिल चुराने की अदा* • **नवा-ए-आशिक़ाना :** *प्रेमियों जैसी आवाज़* • **फ़ातेह-ए-ज़माना :** *संसार को जीतने वाला*

एहसास-ए-आशिक़ी ने बेगाना कर दिया है
यूँ भी किसी ने अक्सर दीवाना कर दिया है

अब क्या उमीद रक्खूँ ऐ हुस्न-ए-यार तुझ से
तू ने तो मुस्कुरा कर दीवाना कर दिया है

तुझ से ख़ुदा ही समझे तू ने किसी को ऐ दिल
मुझ से भी कुछ ज़ियादा दीवाना कर दिया है

फिर उस के देखने को आँखें तरस रही हैं
यादश ब-ख़ैर जिस ने दीवाना कर दिया है

मुझ को जुनूँ से अपने शिकवा जो है तो ये है
मेरी मोहब्बतों को अफ़्साना कर दिया है

मुझ से ही पूछते हैं ये शोख़ियाँ तो देखो
मेरे 'जिगर' को किस ने दीवाना कर दिया है

✦

• **एहसास-ए-आशिक़ी :** *प्रेम का एहसास* • **हुस्न-ए-यार :** *प्रेमिका का सौन्दर्य* • **यादश ब-ख़ैर :** *उस की याद अच्छी रहे*

जान कर मिन-जुमला-ए-ख़सान-ए-मय-ख़ाना मुझे
मुद्दतों रोया करेंगे जाम-ओ-पैमाना मुझे

नंग-ए-मय-ख़ाना था मैं साक़ी ने ये क्या कर दिया
पीने वाले कह उठे या पीर-ए-मय-ख़ाना मुझे

सब्ज़ा-ओ-गुल मौज-ओ-दरिया अंजुम-ओ-ख़ुर्शीद-ओ-माह
इक तअल्लुक़ सब से है लेकिन रक़ीबाना मुझे

ज़िन्दगी में आ गया जब कोई वक़्त-ए-इम्तिहाँ
उस ने देखा है 'जिगर' बे-इख़्तियाराना मुझे

✦

• **मिन-जुमला-ए-ख़सान-ए-मय-ख़ाना :** *मदिरालय के विशिष्ट लोगों के साथ* • **जाम-ओ-पैमाना :** *प्याला और मापक* • **नंग-ए-मय-ख़ाना :** *मदिरालय में अप्रतिष्ठित* • **पीर-ए-मय-ख़ाना :** *मदिरालय का प्रमुख* • **सब्ज़ा-ओ-गुल :** *हरियाली और फूल* • **मौज-ओ-दरिया :** *लहर और नदी* • **अंजुम-ओ-ख़ुर्शीद-ओ-माह :** *तारे और सूरज और चाँद* • **रक़ीबाना :** *शत्रुतापूर्ण* • **वक़्त-ए-इम्तिहाँ :** *परीक्षा के समय* • **बे-इख़्तियाराना :** *अचानक*

नियाज़-ओ-नाज़ के झगड़े मिटाए जाते हैं
हम उन में और वो हम में समाए जाते हैं

ये नाज़-ए-हुस्न तो देखो कि दिल को तड़पा कर
नज़र मिलाते नहीं मुस्कुराए जाते हैं

मिरे जुनून-ए-तमन्ना का कुछ ख़याल नहीं
लजाए जाते हैं दामन छुड़ाए जाते हैं

मैं अपनी आह के सदक़े कि मेरी आह में भी
तिरी निगाह के अन्दाज़ पाए जाते हैं

मिरी तलब भी उसी के करम का सदक़ा है
क़दम ये उठते नहीं हैं उठाए जाते हैं

सुनाए थे लब-ए-नय से किसी ने जो नग़मे
लब-ए-'जिगर' से मुकर्रर सुनाए जाते हैं

• **नियाज़-ओ-नाज़** : *प्रेमी और प्रेमिका के पारस्परिक सम्बन्ध* • **नाज़-ए-हुस्न** : *सुन्दरता पर गर्व* • **जुनून-ए-तमन्ना** : *इच्छा की दीवानगी* • **तलब** : *ज़रूरत, चाह* • **सदक़ा** : *दान* • **लब-ए-नय** : *बाँसुरी के होंठ* • **लब-ए-'जिगर'** : *'जिगर' के होंठ* • **मुकर्रर** : *दुबारा*

मोहब्बत सुल्ह भी पैकार भी है
ये शाख़-ए-गुल भी है तलवार भी है

तबीअत इस तरफ़ ख़ुद्दार भी है
उधर नाज़ुक मिज़ाज-ए-यार भी है

नफ़स पर है मदार-ए-ज़िन्दगानी
नफ़स चलती हुई तलवार भी है

यही दुनिया है निस्बत आँसुओं की
यही दुनिया तबस्सुम-ज़ार भी है

जहाँ वो हैं वहीं मेरा तसव्वुर
जहाँ मैं हूँ ख़याल-ए-यार भी है

ग़नीमत है कि इस दौर-ए-हवस में
तिरा मिलना बहुत दुश्वार भी है

• **पैकार** : *युद्ध* • **शाख़-ए-गुल** : *फूल की डाल* • **ख़ुद्दार** : *स्वाभिमानी* • **मिज़ाज-ए-यार** : *प्रेमिका का स्वभाव* • **मदार-ए-ज़िन्दगानी** : *जीवन की धुरी* • **निस्बत** : *सम्बन्ध* • **तबस्सुम-ज़ार** : *मुस्कुराता हुआ* • **तसव्वुर** : *कल्पना* • **ख़याल-ए-यार** : *प्रेमिका का ख़याल* • **दौर-ए-हवस** : *वासना का दौर* • **दुश्वार** : *कठिन*

इस इश्क़ के हाथों से हरगिज़ न मफ़र देखा
उतनी ही बढ़ी हसरत जितना ही उधर देखा

था खेल सा पहले इश्क़ लेकिन जो खुलीं आँखें
डूबा हुआ रग-रग में वो तीर-ए-नज़र देखा

वो अश्क भरी आँखें और दर्द भरे नाले
अल्लाह न दिखलाए जो वक़्त-ए-सहर देखा

यूँ दिल को तड़पने का कुछ तो है सबब आख़िर
या दर्द ने करवट ली या तुम ने इधर देखा

माथे पे पसीना क्यूँ आँखों में नमी कैसी
कुछ ख़ैर तो है तुम ने क्या हाल-ए-'जिगर' देखा

✦

• **मफ़र :** *पलायन* • **तीर-ए-नज़र :** *आँखों का तीर* • **वक़्त-ए-सहर :** *भोर के समय* • **सबब :** *कारण* • **हाल-ए-'जिगर' :** *'जिगर' का हाल*

सितम-ए-कामयाब ने मारा
करम-ए-ला-जवाब ने मारा

ज़िन्दगी थी हिजाब के दम तक
बरहमी-ए-हिजाब ने मारा

इश्क़ के हर सुकून-ए-आख़िर को
हुस्न के इज़्तिराब ने मारा

मैं तिरा अक्स हूँ कि तू मेरा
इस सवाल-ओ-जवाब ने मारा

कोई पूछे कि रह के पहलू में
तीर क्या इज़्तिराब ने मारा

बच रहा जो तिरी तजल्ली से
उस को तेरे हिजाब ने मारा

सब को मारा 'जिगर' के शेरों ने
और 'जिगर' को शराब ने मारा

• **सितम-ए-कामयाब :** *अत्याचार की सफल योजना* • **करम-ए-ला-जवाब :** *अतुलनीय दयालुता* • **हिजाब :** *पर्दा* • **बरहमी-ए-हिजाब :** *लजीला क्रोध* • **सुकून-ए-आख़िर :** *परम शान्ति* • **इज़्तिराब :** *बचैनी* • **सवाल-ओ-जवाब :** *सवाल और जवाब* • **तजल्ली :** *प्रकाश* • **हिजाब :** *पर्दा*

हर दम दुआएँ देना हर लहज़ा आहें भरना
उन का भी काम करना अपना भी काम करना

जो ज़ीस्त को न समझें जो मौत को न जानें
जीना उन्हीं का जीना मरना उन्हीं का मरना

तेरी इनायतों से मुझ को भी आ चला है
तेरी हिमायतों में हर-हर क़दम गुज़रना

ऐ शौक़ तेरे सदक़े पहुँचा दिया कहाँ तक
ऐ इश्क़ तेरे क़ुर्बां जीना है अब न मरना

दरिया की ज़िन्दगी पर सदक़े हज़ार जानें
मुझ को नहीं गवारा साहिल की मौत मरना

कुछ आ चली है आहट उस पा-ए-नाज़ की सी
तुझ पर ख़ुदा की रहमत ऐ दिल ज़रा ठहरना

ख़ून-ए-'जिगर' का हासिल इक शेर-ए-तर की सूरत
अपना ही अक्स जिस में अपना है रंग भरना

• **ज़ीस्त** : *जीवन* • **इनायत** : *कृपा* • **हिमायत** : *सर्मथन* • **सदक़ा** : *दान* • **गवारा** : *स्वीकार* • **पा-ए-नाज़** : *प्रेमिका के पाँव* • **रहमत** : *दया* • **ख़ून-ए-'जिगर'** : *'जिगर' का ख़ून* • **शेर-ए-तर** : *नया शेर*

ये दिन बहार के अब के भी रास आ न सके
कि ग़ुंचे खिल तो सके खिल के मुस्कुरा न सके

मिरी तबाही-ए-दिल पर तो रहम खा न सके
जो रौशनी में रहे रौशनी को पा न सके

करेंगे मर के बक़ा-ए-दवाम क्या हासिल
जो ज़िन्दा रह के मक़ाम-ए-हयात पा न सके

नया ज़माना बनाने चले थे दीवाने
नई ज़मीन नया आसमाँ बना न सके

• **गुंचे :** *कलियाँ* • **तबाही-ए-दिल :** *दिल की तबाही* • **बक़ा-ए-दवाम :** *अमरता* • **मक़ाम-ए-हयात :** *जीवन का स्थान (ध्येय)*

अल्लाह रे उस गुलशन-ए-ईजाद का आलम
जो सैद का आलम वही सय्याद का आलम

पहरों से धड़कने की भी आती नहीं आवाज़
क्या जानिए क्या है दिल-ए-नाशाद का आलम

मैं और तिरे हिज्र-ए-मुसलसल की शिकायत
तेरा ही तो आलम है तेरी याद का आलम

अरबाब-ए-चमन से नहीं पूछो ये चमन से
कहते हैं किसे निकहत-ए-बर्बाद का आलम

क्यूँ आतिश-ए-गुल मेरे नशेमन को जलाए
तिनकों में है ख़ुद बर्क़-ए-चमन-ज़ाद का आलम

✦

• **गुलशन-ए-ईजाद** : *अभिनव उद्यान* • **सैद** : *पशु-पक्षी* • **सय्याद** : *शिकारी* • **दिल-ए-नाशाद** : *उदास दिल* • **हिज्र-ए-मुसलसल** : *लगातार विरह* • **अरबाब-ए-चमन** : *चमन के लोग* • **निकहत-ए-बर्बाद** : *वो सुगन्ध जो नष्ट हो गई* • **आतिश-ए-गुल** : *फूल की आग* • **नशेमन** : *घर, घोंसला* • **बर्क़-ए-चमन-ज़ाद** : *बाग़ से पैदा हुई बिजली*

ये ज़र्रे जिन को हम ख़ाक-ए-रह-ए-मंज़िल समझते हैं
ज़बान-ए-हाल रखते हैं ज़बान-ए-दिल समझते हैं

जिसे सब लोग हुस्न-ओ-इश्क़ की मंज़िल समझते हैं
बुलन्द उस से भी हम अपना मक़ाम-ए-दिल समझते हैं

इसी इक जुर्म पर अग़्यार में बरपा क़यामत है
कि हम बेदार हैं और अपना मुस्तक़बिल समझते हैं

निगाहों में कुछ ऐसे बस गए हैं हुस्न के जल्वे
कोई महफ़िल हो लेकिन हम तिरी महफ़िल समझते हैं

कोई माने न माने इस को लेकिन ये हक़ीक़त है
हम अपनी ज़िन्दगी में ग़ैब को शामिल समझते हैं

ये नर्म-ओ-ना-तवाँ मौजें ख़ुदी का राज़ क्या जानें
क़दम लेते हैं तूफ़ाँ अज़्मत-ए-साहिल समझते हैं

हुकूमत के मज़ालिम जब से इन आँखों ने देखे हैं
'जिगर' हम बम्बई को कूचा-ए-क़ातिल समझते हैं

• **ख़ाक-ए-रह-ए-मंज़िल :** *लक्ष्य की राह की धूल* • **ज़बान-ए-हाल :** *आज की भाषा* • **ज़बान-ए-दिल :** *दिल की भाषा*
• **मक़ाम-ए-दिल :** *दिल का स्थान* • **बेदार :** *जागा हुआ* • **मुस्तक़बिल :** *भविष्य* • **नर्म-ओ-ना-तवाँ :** *नर्म और कमज़ोर*
• **अज़्मत-ए-साहिल :** *किनारे की प्रतिष्ठा* • **मज़ालिम :** *अत्याचार (बहु.)* • **कूचा-ए-क़ातिल :** *क़ातिल की गली*

न देखा रुख़-ए-बे-नक़ाब-ए-मोहब्बत
मोहब्बत है शायद हिजाब-ए-मोहब्बत

मुझे क्या पड़ी है तिरे दर से उट्ठूँ
ठहरने जो दे इज़्तिराब-ए-मोहब्बत

सभी उठ गए दीदा-ओ-दिल से पर्दे
न उट्ठा मगर इक हिजाब-ए-मोहब्बत

न रक्खो ग़रज़ हम से इतना ही कह दो
हलाक-ए-तबस्सुम ख़राब-ए-मोहब्बत

लहू की हर इक बूँद दिल बन गई है
ख़ुशा लज़्ज़त-ए-कामयाब-ए-मोहब्बत

हुदूद-ए-मोहब्बत से भी बढ़ गए हम
सलामत रहे इज़्तिराब-ए-मोहब्बत

✦

• **रुख़-ए-बे-नक़ाब-ए-मोहब्बत :** *उद्घाटित प्रेम का चेहरा* • **हिजाब-ए-मोहब्बत :** *प्रेम का घूँघट* • **इज़्तिराब-ए-मोहब्बत :** *प्रेम की व्याकुलता* • **दीदा-ओ-दिल :** *आँख और दिल* • **हलाक-ए-तबस्सुम :** *मुस्कुराहट से मारा हुआ* • **ख़राब-ए-मोहब्बत :** *प्रेम में बर्बाद* • **ख़ुशा :** *अहा, वाह* • **लज़्ज़त-ए-कामयाब-ए-मोहब्बत :** *सफ़ल प्रेम का स्वाद* • **हुदूद-ए-मोहब्बत :** *प्रेम की सीमाएँ*

इश्क़ ही तन्हा नहीं शोरीदा-सर मेरे लिए
हुस्न भी बेताब है और किस क़दर मेरे लिए

वक़्फ़ है सय्याद की इक इक नज़र मेरे लिए
हाँ मुबारक ये शिकस्त-ए-बाल-ओ-पर मेरे लिए

गर्म है हंगामा-ए-शाम-ओ-सहर मेरे लिए
रात दिन गर्दिश में हैं शम्स-ओ-क़मर मेरे लिए

जज़्ब हो कर रह गया हूँ मैं जमाल-ए-दोस्त में
इश्क़ है ताबिन्दा-तर पाइन्दा-तर मेरे लिए

मैं नहीं कहता कि मैं हूँ तू हो तेरी ख़ल्वतें
हाँ मगर सब से जुदा ख़ास इक नज़र मेरे लिए

रहरव-ए-राह-ए-तलब को ख़िज़्र की हाजत नहीं
ज़र्रा-ज़र्रा है चराग़-ए-रह-गुज़र मेरे लिए

अपने दिल में जुज़ तिरे मैं भी समा सकता नहीं
मेरा हर हर साँस है ज़ंजीर-ए-दर मेरे लिए

• **शोरीदा-सर** : *पागल* • **बेताब** : *व्याकुल* • **वक़्फ़** : *अर्पित* • **सय्याद** : *शिकारी* • **शिकस्त-ए-बाल-ओ-पर** : *सामर्थ्य की हार* • **हंगामा-ए-शाम-ओ-सहर** : *भोर और साँझ की दिनचर्या* • **शम्स-ओ-क़मर** : *सूरज और चाँद* • **जमाल-ए-दोस्त** : *प्रेमिका की सुन्दरता* • **ताबिन्दा-तर** : *चमकीला* • **पाइन्दा-तर** : *बहुत स्थायी* • **ख़ल्वत** : *एकान्त* • **रहरव-ए-राह-ए-तलब** : *रास्ता ढूँढने वाले यात्री* • **ख़िज़्र** : *पथ-प्रदर्शक* • **हाजत** : *ज़रुरत* • **चराग़-ए-रह-गुज़र** : *रास्ते का दिया* • **जुज़** : *सिवा, अलावा* • **ज़ंजीर-ए-दर** : *दरवाज़े की ज़ंजीर*

तर्क-ए-मय से और भी मैं तो शराबी बन गया
रोज़ आ जाता है मीना-ए-सहर मेरे लिए

वो मिरा साग़र-ब-कफ़ होना पशेमानी के साथ
अब्र-ए-रहमत का वो उठना झूम कर मेरे लिए

ज़िन्दगी इक तोहमत-ए-बेजा है मेरी ज़ात पर
मौत इक इल्ज़ाम-ए-ना-जायज़ 'जिगर' मेरे लिए

मैं तो हर हालत में ख़ुश हूँ लेकिन उस का क्या इलाज
डबडबा आती हैं वो आँखें 'जिगर' मेरे लिए

✦

• **तर्क-ए-मय :** *शराब छोड़ना* • **मीना-ए-सहर :** *भोर का प्याला* • **साग़र-ब-कफ़ :** *हाथ में प्याला लिए* • **पशेमानी :** *शर्मिन्दगी* • **अब्र-ए-रहमत :** *कृपा का बादल* • **तोहमत-ए-बेजा :** *व्यर्थ आरोप* • **इल्ज़ाम-ए-ना-जाइज़ :** *अनुचित आरोप*

हुस्न के एहतिराम ने मारा
इश्क़ बे-नंग-ओ-नाम ने मारा

इश्क़ की सादगी तो एक तरफ़
शौक़ के एहतिमाम ने मारा

इश्क़ मरता न अपनी मौत से आह
आशिक़ान-ए-कराम ने मारा

काश वो उम्र-ए-ख़िज्र बन जाए
जिन ख़यालात-ए-ख़ाम ने मारा

मैं नहीं बिस्मिल-ए-'ख़याम' 'जिगर'
हाफ़िज़-ए-ख़ुश-कलाम ने मारा

• **एहतिराम :** *सम्मान* • **बे-नंग-ओ-नाम :** *निर्लज्ज* • **एहतिमाम :** *प्रबन्ध* • **आशिक़ान-ए-कराम :** *आदरणीय प्रेमी* • **उम्र-ए-ख़िज्र :** *ख़िज्र की उम्र* • **ख़यालात-ए-ख़ाम :** *कच्चे विचार* • **बिस्मिल-ए-ख़याम :** *प्रसिद्ध फ़ारसी शायर ख़य्याम का घायल* • **हाफ़िज़-ए-ख़ुश-कलाम :** *हाफ़िज़ की अच्छी शायरी*

हर हक़ीक़त को ब-अन्दाज़-ए-तमाशा देखा
ख़ूब देखा तिरे जल्वों को मगर क्या देखा

आइना-ख़ाना-ए-आलम में कहें क्या देखा
तेरे धोखे में ख़ुद अपना ही तमाशा देखा

हम ने ऐसा न कोई देखने वाला देखा
जो ये कह दे कि तिरा हुस्न सरापा देखा

दिल-ए-आगाह में क्या कहिए 'जिगर' क्या देखा
लहरें लेता हुआ इक क़तरे में दरिया देखा

कोई शाइस्ता-ओ-शायान-ए-ग़म-ए-दिल न मिला
हम ने जिस बज़्म में देखा उसे तन्हा देखा

• **ब-अन्दाज़-ए-तमाशा :** *तमाशे की तरह* • **आईना-ख़ाना-ए-आलम :** *शीशमहल रूपी संसार* • **सरापा :** *सर से पाँव तक*
• **दिल-ए-आगाह :** *सावधान दिल* • **शाइस्ता-ओ-शायान-ए-ग़म-ए-दिल :** *दिल का दर्द समझने वाला*

शब-ए-वस्ल क्या मुख़्तसर हो गई
ज़रा आँख झपकी सहर हो गई

निगाहों ने सब राज़-ए-दिल कह दिया
उन्हें आज अपनी ख़बर हो गई

बड़ी चीज़ है तर्ज़-ए-बेगानगी
ये तरकीब अगर कारगर हो गई

इलाही बुरा हो ग़म-ए-इश्क़ का
सुना है कि उन को ख़बर हो गई

किए मुझ पे एहसाँ ग़म-ए-यार ने
हमेशा को नीची नज़र हो गई

नुमायाँ हुई सुब्ह-ए-पीरी 'जिगर'
बस अब दास्ताँ मुख़्तसर हो गई

✦

• **शब-ए-वस्ल :** *मिलन की रात* • **मुख़्तसर :** छोटा • **सहर :** *भोर* • **राज़-ए-दिल :** *दिल का भेद* • **तर्ज़-ए-बेगानगी :** *अजनबीपन का ढंग* • **ग़म-ए-इश्क़ :** *प्रेम का दुख* • **ग़म-ए-यार :** *प्रेमिका का दुख* • **सुब्ह-ए-पीरी :** *बुढ़ापे की भोर* • **मुख़्तसर :** छोटा

रखते हैं ख़िज़्र से न ग़रज़ रहनुमा से हम
चलते हैं बच के दूर हर इक नक़्श-ए-पा से हम

मानूस हो चले हैं जो दिल की सदा से हम
शायद कि जी उठें तिरी आवाज़-ए-पा से हम

या रब निगाह-ए-शौक़ को दे और वुसअतें
घबरा उठे जमाल-ए-जहत-आश्ना से हम

मख़्सूस किस के वास्ते है रहमत-ए-तमाम
पूछेंगे एक दिन ये किसी पारसा से हम

ओ मस्त-ए-नाज़-ए-हुस्न तुझे कुछ ख़बर भी है
तुझ पर निसार होते हैं किस-किस अदा से हम

ये कौन छा गया है दिल-ओ-दीदा पर कि आज
अपनी नज़र में आप हैं ना-आश्ना से हम

✦

• **ख़िज़्र** : *पथ-प्रदर्शक, एक पैग़म्बर* • **रहनुमा** : *मार्गदर्शक* • **नक़्श-ए-पा** : *पाँव के निशान* • **सदा** : *आवाज़* • **आवाज़-ए-पा** : *पाँव की आवाज़* • **निगाह-ए-शौक़** : *प्रेम की निगाह* • **वुसअतें** : *फैलाव (बहुवचन)* • **जमाल-ए-जहत-आश्ना** : *दिशाओं का ज्ञान रखने वाले की सुन्दरता* • **मख़्सूस** : *विशेष, आरक्षित* • **रहमत-ए-तमाम** : *पूरी कृपा* • **पारसा** : *सच्चा, पवित्र* • **मस्त-ए-नाज़-ए-हुस्न** : *अपनी सुन्दरता में मस्त प्रेमिका* • **निसार** : *न्योछावर* • **दिल-ओ-दीदा** : *दिल और आँख* • **ना-आश्ना** : *अजनबी*

सीने में अगर हो दिल-ए-बेदार-ए-मोहब्बत
हर साँस है पैग़म्बर-ए-असरार-ए-मोहब्बत

सब फूँक दिए ख़ार-ओ-ख़स-ए-मज़हब-ओ-मिल्लत
अल्लाह-रे यक-शोला-ए-रुख़्सार-ए-मोहब्बत

जो अर्श की रिफ़अत को भी उस दर पे झुका दे
ऐसा भी कोई जज़्बा-ए-सरशार-ए-मोहब्बत

मैं ने इन्हें तारीक फ़ज़ाओं में भी अक्सर
देखे हैं बरसते हुए अनवार-ए-मोहब्बत

नासेह को है क्यूँ मेरी मोहब्बत से सरोकार
चेहरे से तो खुलते नहीं आसार-ए-मोहब्बत

मैं और ये नमकीन-ए-ग़म-ए-इश्क़ अरे तौबा
तू और ये एहसास-ए-गिराँ-बार-ए-मोहब्बत

अब अर्ज़-ए-मोहब्बत की 'जिगर' क्यूँ नहीं जुरअत
वो सामने हैं गर्म है बाज़ार-ए-मोहब्बत

✦

• **दिल-ए-बेदार-ए-मोहब्बत :** *प्रेम से व्याकुल दिल* • **पैग़म्बर-ए-असरार-ए-मोहब्बत :** *प्रेम के भेद बताने वाला* • **ख़ार-ओ-ख़स-ए-मज़हब-ओ-मिल्लत :** *धर्म और सम्प्रदाय की घास-फूस* • **यक-शोला-ए-रुख़्सार-ए-मोहब्बत :** *प्रेम के गाल की लाली* • **अर्श :** *स्वर्ग* • **रिफ़अत :** *प्रतिष्ठा* • **जज़्बा-ए-सरशार-ए-मोहब्बत :** *प्रेम की तृप्ति की भावना* • **तारीक :** *अँधेरा* • **फ़ज़ा :** *वातावरण* • **अनवार-ए-मोहब्बत :** *प्रेम का प्रकाश* • **नासेह :** *उपदेशक* • **आसार-ए-मोहब्बत :** *प्रेम के आसार* • **ग़म-ए-इश्क़ :** *प्रेम का दुख* • **एहसास-ए-गिराँ-बार-ए-मोहब्बत :** *प्रेम के भारी बोझ की अनुभूति* • **अर्ज़-ए-मोहब्बत :** *प्रेम की अभिव्यक्ति* • **जुरअत :** *साहस* • **बाज़ार-ए-मोहब्बत :** *प्रेम का बाज़ार*

निगाहों में बहार-ए-जावेदाँ है
जहाँ मैं हूँ वहीं अब आशियाँ है

मोहब्बत दोनों जानिब मेहरबाँ है
कि हम उस से वो हम से बद-गुमाँ है

हमारी रिफ़अतों का पूछना क्या
जहाँ हम पाँव रख दें आसमाँ है

किसी को इक नज़र ही देख तो लें
अब इतनी भी हमें जुरअत कहाँ है

फुँका जाता है दिल जिस सोज़-ए-ग़म से
जहन्नम में ये चिंगारी कहाँ है

जो पढ़ सकता है तो पढ़ ऐ ग़म-ए-दिल
कि इन नज़रों में आज इक दास्ताँ है

• **बहार-ए-जावेदाँ** : *अमर बसन्त* • **आशियाँ** : *घर* • **बद-गुमाँ** : *सन्देह रखने वाला* • **रिफ़अत** : *प्रतिष्ठा* • **जुरअत** : *साहस* • **सोज़-ए-ग़म** : *दुख की तपिश* • **ग़म-ए-दिल** : *दिल का दुख*

जुनूँ कम जुस्तुजू कम तिश्नगी कम
नज़र आए न क्यूँ दरिया भी शबनम

ख़ुशा ये निस्बत-ए-हुस्न-ओ-मोहब्बत
जहाँ बैठे नज़र आए हमीं हम

वो इक हुस्न-ए-सरापा अल्लह-अल्लह
कि जिस की हर अदा आलम ही आलम

कहाँ पहलू-ए-ख़ुर्शीद-ए-जहाँ-ताब
कहाँ इक नाज़नीं दोशीज़ा शबनम

मसर्रत ज़िन्दगी का दूसरा नाम
मसर्रत की तमन्ना मुस्तक़िल ग़म

✦

• **जुस्तुजू :** *खोज* • **तिश्नगी :** *प्यास* • **निस्बत-ए-हुस्न-ओ-मोहब्बत :** *सुन्दरता और प्रेम का सम्बन्ध* • **हुस्न-ए-सरापा :** *सर से पाँव तक का सौन्दर्य* • **पहलू-ए-ख़ुर्शीद-ए-जहाँ-ताब :** *संसार को प्रकाशित करने वाले सूरज का सानिध्य* • **नाज़नीं :** *प्रेमिका* • **दोशीज़ा :** *कुँवारी* • **शबनम :** *ओस* • **मसर्रत :** *ख़ुशी* • **मुस्तक़िल :** *लगातार*

हुस्न-ए-काफ़िर-शबाब का आलम
सर से पा तक शराब का आलम

वो मिरी अर्ज़-ए-शौक़-ए-बेहद पर
कुछ हया कुछ इताब का आलम

ज़ानू-ए-शौक़ पर वो पिछले पहर
नर्गिस-ए-नीम-ख़्वाब का आलम

लाख रंगीं-बयानियों पे मिरी
एक सादा जवाब का आलम

दिल-ए-मुतरिब समझ सके शायद
इक शिकस्ता रबाब का आलम

वो समाँ आज भी है याद 'जिगर'
हाँ मगर जैसे ख़्वाब का आलम

✦

• **हुस्न-ए-काफ़िर-शबाब :** *जवान प्रेमिका का सौन्दर्य* • **अर्ज़-ए-शौक़-ए-बेहद :** *अन्तहीन प्रेम का निवेदन* • **इताब :** *प्रकोप* • **ज़ानू-ए-शौक़ :** *प्रेम की जाँघ* • **नर्गिस-ए-नीम-ख़्वाब :** *अधखुली सुन्दर आँखें* • **रंगीं-बयानियों :** *रंगीन विवरणों* • **दिल-ए-मुतरिब :** *गायक का दिल* • **रबाब :** *वीणा*

ख़ुशा बेदाद ख़ून-ए-हसरत-ए-बेदाद होता है
सितम ईजाद करते हो करम ईजाद होता है

निगाहें क्या कि पहरों दिल भी वाक़िफ़ हो नहीं सकता
ज़बान-ए-हुस्न से ऐसा भी कुछ इरशाद होता है

तुम्हीं हो ताना-ज़न मुझ पर तुम्हीं इंसाफ़ से कह दो
कोई अपनी ख़ुशी से ख़ानमाँ-बर्बाद होता है

ये माना नंग-ए-पाबन्दी से क्या आज़ाद को मतलब
मगर वो शर्म-ए-आज़ादी से भी आज़ाद होता है

तसव्वुर में है कुछ ऐसा तिरी तस्वीर का आलम
कि जैसे अब लब-ए-नाज़ुक से कुछ इरशाद होता है

कोई हद ही नहीं शायद मोहब्बत के फ़साने की
सुनाता जा रहा है जिस को जितना याद होता है

✦

• **ख़ुशा** : *अहा, वाह* • **बेदाद** : *अत्याचार* • **ख़ून-ए-हसरत-ए-बेदाद** : *न्याय की इच्छा का अन्त* • **ईजाद** : *आविष्कार* • **ज़बान-ए-हुस्न** : *प्रेमिका का मुँह* • **इरशाद** : *अभिव्यक्त* • **ताना-ज़न** : *ताने मारने वाला* • **ख़ानमाँ-बर्बाद** : *जिसका घर-बार उजड़ गया हो* • **नंग-ए-पाबन्दी** : *बन्धनों से शर्मिन्दा* • **शर्म-ए-आज़ादी** : *आज़ादी के लिए शर्मिन्दा* • **तसव्वुर** : *कल्पना* • **लब-ए-नाज़ुक** : *कोमल होंठ* • **फ़साने** : *कहानियाँ*

वो काफ़िर आश्ना ना-आश्ना यूँ भी है और यूँ भी
हमारी इब्तिदा ता इन्तिहा यूँ भी है और यूँ भी

कहीं ज़र्रा कहीं सहरा कहीं क़तरा कहीं दरिया
मोहब्बत और उस का सिलसिला यूँ भी है और यूँ भी

वो मुझ से पूछते हैं एक मक़्सद मेरी हस्ती का
बताऊँ क्या कि मेरा मुद्दआ यूँ भी है और यूँ भी

न पा लेना तिरा आसाँ न खो देना तिरा मुमकिन
मुसीबत में ये जान-ए-मुब्तला यूँ भी है और यूँ भी

'मजाज़ी' से 'जिगर' कह दो अरे ओ अक़्ल के दुश्मन
मुक़िर हो या कोई मुनकिर ख़ुदा यूँ भी है और यूँ भी

✦

• **काफ़िर :** *मूर्ति-पूजक, प्रेमिका* • **आश्ना :** *परिचित* • **ना-आश्ना :** *अजनबी* • **इब्तिदा ता इन्तिहा :** *आरम्भ से अन्त तक* • **सहरा :** *रेगिस्तान* • **मुद्दआ :** *विषय, बात* • **जान-ए-मुब्तला :** *मुसीबतों में घिरी ज़िन्दगी* • **मुक़िर :** *स्वीकारने वाला* • **मुनकिर :** *इंकार करने वाला*

फूल बसर करते हैं ख़ारों के साथ
खेलते हैं हम भी शरारों के साथ

कम न हुईं उन से भी कुछ ज़ुलमतें
रब्त बढ़ाया था सितारों के साथ

इश्क़ कहीं तुझ से न ले इन्तिक़ाम
छेड़ न कर इश्क़ के मारों के साथ

इश्क़ में क्या है यही मेराज-ए-दीद
गुम हैं निगाहें भी नज़ारों के साथ

लूट बहारें न चमन की बहुत
तू भी न लुट जाए बहारों के साथ

सुब्ह है दूर और अभी से 'जिगर'
डूब चली नब्ज़ सितारों के साथ

जान फ़िदा उस पे कि जिस ने 'जिगर'
ज़ीस्त बसर की न सहारों के साथ

• **ख़ार :** *काँटा* • **शरार :** *चिंगारी* • **ज़ुलमत :** *अंधेरा* • **इन्तिक़ाम :** *बदला* • **मेराज-ए-दीद :** *आँख की आकाशीय-यात्रा*
• **ज़ीस्त :** *जीवन*

वही उस नज़र में हैं खुब जाने वाले
जो सीनों पे हैं बरछियाँ खाने वाले

शिकन काश पड़ जाए अपनी जबीं पर
परेशाँ बहुत हैं सितम ढाने वाले

सरापा मोहब्बत बने जा रहे हैं
सलामत रहें उनको बहकाने वाले

बग़ौर अपनी जानिब भी ऐ काश देखें
मिरे हाल पे रह्म फ़रमाने वाले

मोहब्बत की बातें मोहब्बत ही जाने
मुअम्मे नहीं हैं ये समझाने वाले

जो हैं ख़ास चश्म-ओ-चराग़-ए-मोहब्बत
वो आँसू नहीं हैं नज़र आने वाले

✦

• **शिकन** : *निशान* • **सरापा** : *सर से पाँव तक* • **मुअम्मा** : *पहेली*

अल्लह-अल्लह इश्क़ की रानाइयाँ
हुस्न ख़ुद लेने लगा अंगड़ाइयाँ

हाए वो ग़म की करम-फ़रमाइयाँ
भीगी रातें और वो तन्हाइयाँ

याद ज़ालिम को तुम अपनी रोक लो
लूटे लेती हैं मिरी तन्हाइयाँ

दिल की चोटें उभर आती हैं तमाम
इश्क़ की चलने लगीं पुरवाइयाँ

ख़ुद बढ़े आते हैं वो मेरी तरफ़
कोई देखे तो मिरी पसपाइयाँ

अब कहाँ इंसाँ जिसे इंसाँ कहें
चलती फिरती देख लो परछाइयाँ

याद है अब तक 'जिगर' आग़ाज़-ए-इश्क़
शब-हमा-शब वो ख़याल-आराइयाँ

✦

• **रानाई :** *सुन्दरता* • **करम-फ़रमाइयाँ :** *कृपा करना* • **पसपाई :** *पराजय* • **आग़ाज़-ए-इश्क़ :** *प्रेम का आरम्भ* • **शब-हमा-शब :** *रात की रात* • **ख़याल-आराई :** *नई-नई बातें सोचते रहना*

तड़प कर दिल उन्हें तड़पा रहा है
क़यामत पे क़यामत ढा रहा है

अजब आलम सा दिल पर छा रहा है
हसीं जैसे कोई शरमा रहा है

निगाहों से निगाहें लड़ रही हैं
मज़े दर्द-ए-मोहब्बत पा रहा है

वो ज़ुल्फ़ें दोश बिखरी हुई हैं
जहान-ए-आरज़ू थर्रा रहा है

गले मिल कर वो रुख़सत हो रहे हैं
मोहब्बत का ज़माना आ रहा है

वो कुछ दिल को मिरे समझा रहे हैं
कुछ उनको दिल मिरा समझा रहा है

वो ख़ुद तस्कीन-ए-ख़ातिर कर रहे हैं
मगर दिल है कि डूबा जा रहा है

कली कोई जहाँ पर खिल रही है
वहीं इक फूल भी मुरझा रहा है

• **दर्द-ए-मोहब्बत :** *प्रेम का दर्द* • **दोश :** *कन्धा* • **जहान-ए-आरज़ू :** *इच्छाओं का संसार* • **तस्कीन-ए-ख़ातिर :** *ढाढस बँधाना*

तबीअत है कि ठहरी जा रही है
ज़माना है कि गुज़रा जा रहा है

मिरी रूदाद-ए-ग़म वो सुन रहे हैं
तबस्सुम सा लबों पे आ रहा है

'जिगर' ही का न हो अफ़साना कोई
दर-ओ-दीवार को हाल आ रहा है

✦

• **रूदाद-ए-ग़म :** *दुख का क़िस्सा* • **तबस्सुम :** *मुस्कान* • **दर-ओ-दीवार :** *दरवाज़ा और दीवार* • **हाल :** *मस्ती का आलम*

फ़ितरत ने मोहब्बत की इस तर्ह बिना डाली
जो क़ैद नज़र आई, इक बार उठा डाली

हर ज़र्रे के पैकर में इक रूह-ए-वफ़ा डाली
अपनी ही सी कुल दुनिया आशिक़ ने बना डाली

इस जल्वा-ए-रंगीं की देखे तो कोई शोख़ी
बुतख़ाने के पर्दे में काबे की बिना डाली

बर्बाद-ए-सितम हो कर पामाल-ए-करम बन कर
मैंने भी नक़ाब अपने चेहरे से उठा डाली

हस्ती जिसे कहते हैं इक सादा हक़ीक़त थी
रंगीन निगाहों ने रंगीन बिना डाली

✦

• **रूह-ए-वफ़ा :** *निष्ठावान आत्मा* • **जल्वा-ए-रंगीं :** *रंगीन जल्वा* • **बुतख़ाना :** *मन्दिर* • **बर्बाद-ए-सितम :** *सितम से बर्बाद* • **पामाल-ए-करम :** *एहसान से दबा हुआ*

सुना है हश्र में इक हुस्न-ए-आलमगीर देखेंगे
ख़ुदा जाने तुझे या अपनी ही तस्वीर देखेंगे

दिल-ए-बर्बाद ही में हुस्न की तनवीर देखेंगे
इसी बर्ग-ए-ख़िज़ाँ-दीदी पर इक तस्वीर देखेंगे

जुदा हरगिज़ न हुस्न-ओ-इश्क़ की तस्वीर देखेंगे
वो जब देखेंगे मिरी ख़ाक दामनगीर देखेंगे

अगर फ़ुर्सत मिली इरफ़ान-ए-तासीर-ए-मोहब्बत से
तुझे भी एक दिल ऐ आह बे-तासीर देखेंगे

रिहाई हो नहीं सकती कभी क़ैद-ए-तअल्लुक़ से
जो इक ज़ंजीर टूटी, दूसरी ज़ंजीर देखेंगे

ब-ग़ौर इस हस्ती-ए-ख़ाकी ये भी हम इक नज़र कर लें
क़यामत तक न फिर ऐसी कोई तस्वीर देखेंगे

अब इस सूरत से क्या आएँ तिरे आईना-ख़ाने में
तिरी तस्वीर ही बन कर तिरी तस्वीर देखेंगे

✦

• **हुस्न-ए-आलमगीर :** *दुनिया को जीतने वाली सुन्दरता* • **तनवीर :** *रौशनी* • **हुस्न-ओ-इश्क़ :** *सुन्दरता और प्रेम* • **दामनगीर :** *दामन से चिपका हुआ* • **इरफ़ान-ए-तासीर-ए-मोहब्बत :** *प्रेम के प्रभाव का ज्ञान* • **बे-तासीर :** *प्रभावहीन* • **हस्ती-ए-ख़ाकी :** *मिट्टी का शरीर*

शिकस्त-ए-तौबा

साक़ी की हर निगाह पे बल खा के पी गया
लहरों से खेलता हुआ लहरा के पी गया

बे-कैफ़ियों के कैफ़ से घबरा के पी गया
तौबा को तोड़-ताड़ के थर्रा के पी गया

ज़ाहिद! ये तेरी शोख़ी-ए-रिन्दाना देखना
रहमत को बातों बातों में बहला के पी गया

सर-मस्ती-ए-अज़ल मुझे जब याद आ गई
दुनिया-ए-ऐतिबार को ठुकरा के पी गया

आज़ुर्दगी-ए-ख़ातिर-ए-साक़ी को देख कर
मुझ को ये शर्म आई कि शर्मा के पी गया

ऐ रहमत-ए-तमाम मिरी हर ख़ता मुआफ़
मैं इन्तिहा-ए-शौक़ में घबरा के पी गया

पीता बग़ैर इज़्न ये कब थी मिरी मजाल
दर-पर्दा चश्म-ए-यार की शह पा के पी गया

उस जान-ए-मय-कदा की क़सम बारहा 'जिगर'
कुल आलम-ए-बसीत पे मैं छा के पी गया

✦

• **कैफ़** : *मस्ती* • **शोख़ी-ए-रिन्दाना** : *शराबियों जैसी चंचलता* • **सर-मस्ती-ए-अज़ल** : *शाश्वत मदहोशी* • **दुनिया-ए-ऐतिबार** : *भरोसे की दुनिया* • **आज़ुर्दगी-ए-ख़ातिर-ए-साक़ी** : *शराब पिलाने वाले के मन की खिन्नता* • **रहमत-ए-तमाम** : *सारी कृपा* • **इन्तिहा-ए-शौक़** : *प्रेम की पराकाष्ठा* • **इज़्न** : *अनुमति* • **दर-पर्दा** : पर्दे के पीछे • **चश्म-ए-यार** : *प्रेमिका की आँख* • **जान-ए-मय-कदा** : *शराब घर की शोभा* • **आलम-ए-बसीत** : *फैला हुआ संसार*